U0853308

阅

阅读成就梦想……

Read to Achieve

STORYSCAPING

STOP CREATING ADS, START CREATING WORLDS

[美] 加斯顿·莱戈布鲁（Gaston Legorburu）达伦·麦科尔（Darren McColl）/著　师蓉/译

故事场景摩天楼

不再制造营销，开始创造体验的世界

中国人民大学出版社
·北京·

目录
CONTENTS

引言　**从故事讲述转向故事场景设计** \ 001 \

第一部分　**故事再精彩，也拯救不了你的企业** \ 013 \

01 **从篝火中走来：故事让我们了解了世界的意义** \ 015\

我们借由故事与某个地点、某个空间以及某些人产生联系，故事总能帮助我们了解世界。

02 **你的初吻：利用体验的力量** \ 029 \

在这个网络化故事讲述的时代，品牌会与消费者一起创造体验，这能让该消费者想成为这个故事的一部分，而不再只是被动知道你的品牌故事。

03 **勇敢新世界：从讲故事到故事场景摩天楼** \ 045 \

当你使用故事场景摩天楼模式时，它会以某种方式让你进一步提升你的技艺，从而使它更轻易地连接到与消费者有关的物理、虚拟和情感体验的场景。

第二部分 创建身临其境的体验场景 \ 063 \

04 开启故事场景摩天楼模式：破译创造世界的代码 \ 065 \

然后，当我们探讨如何用组织理念和系统思维来创造合适的故事、体验场景、连接和技术支持时，故事场景摩天楼模式中的“新应用”部分就会开始起作用。

05 为什么的力量：为提升品牌价值而实现企业宗旨 \ 073\

明确的宗旨会让每个人以不同的思路去看待品牌。它为品牌的存在创建了超越理性原因的情感联系。

06 说干就干：推动能刺激业务增长的品牌行为 \ 087 \

体验的类型、它如何满足你的功能需求、它如何与品牌故事产生关联、它如何被完全连接，对创建身临其境的体验场景至关重要。为了让故事场景摩天楼连接体验变得有效，我们必须了解品牌的作用和其定位、功能性产品和服务如何实现体验，以及定位和产品如何与宗旨保持一致。

07 从洞察到渴望：理解消费者的价值观和期望 \ 101 \

虽然我们每个人都是不同的，但我们都是复杂且不完美的，我们都生活在一个不断变化的世界中，我们还拥有共同和相关的情感需求。这些都是我们可以应用到品牌故事和品牌连接中的需求——这些神奇的需求会带来共享的价值观，并提供良好的消费者洞察。

08 设身处地：了解消费者参与度和购买洞察力 \ 117 \

这个世界从局外人的位置上是无法观察到的。对于我们来说，民族志和其他相关研究方式是创建环境、工具、产品和内容（为消费者提供他们所期待的身临其境体验）的基础。

09 组织理念：激发行为改变和驱动交易的体验场景 \ 133 \

你必须想象组织理念是创造性表述和体验的一部分。如果没有探讨创造性表达和范围，就无法形成组织理念。它并不是在组织理念和好的创意之间“传递接力棒”的过程。它是一种统一的、交互式且有创造性的过程。

10 形成故事场景摩天楼：当组织理念和体验空间有效地融合时 \ 145 \

要连接组织理念和体验场景，创建一种故事体系并最终形成故事场景摩天楼，我们就必须将注意力放在模式、组织理念和体验场景的新应用上。然后，我们要用系统思维来创建一种故事体系并最终形成故事场景摩天楼。

11 销售的世界：构建一个可感知和可适应的故事场景摩天楼 \ 159 \

快速适应世界的概念包含两个维度：第一是改变一系列体验，更有效地推动类似于“让更多人购买”这样的行为；第二是改变一系列体验，以创建更令人难忘的体验。你需要在故事场景摩天楼中有效地做到这两点，但有时它们是不一致的。

12 冲击你的文化：创造有利于创建故事场景摩天楼的环境 \ 177 \

终极秘密武器在于想象、开发和培养有利于故事场景摩天楼的文化和环境的能力。我们深信，有两种功能性文化的表现可以帮助企业成长。其余的都是非功能性的，因为它们的局限性远远超过它们所能带来的利益。

引言

从故事讲述转向故事场景设计

STORYSCAPING

STOP CREATING ADS,
START CREATING WORLDS

每个精彩的故事都是从某个点子开始的。我们讲述的这个故事已经孕育了多年，终于在 2012 年起飞。

某个客户（全世界最大的消费性包装商品品牌）在伦敦主办了一次名为“互联网时代的故事讲述”活动。这次活动室该公司的首席营销官（CMO）在助手的支持下举办；该品牌的所有负责人及其位于世界各地的首席营销官都出席了这次活动。当时这位首席营销官可谓全世界最有影响力的营销专家了，那时他也刚刚授权宣布：要将更多的营销费用投入到互联网营销领域中。这次会议的目的就是想探讨一下如何将他们的营销手段运用到互联网营销领域中。

他们对合作伙伴的要求很简单：给两三件他们可以在接下来的一周中开始处理的事情，当然这些事情必须是确实可以改变的。他们希望可以实际去操作一些东西，但任务不要太多。这次活动的嘉宾包括他们的 4 个全球数字化广告代理公司（麒灵广告是其中之一）。当然，所有强大的互联网公司（如 Twitter、谷歌和 Facebook）也都位列其中。此外，他们还有自己的公共关系代理商，这样做很明智，因为从公关领域可以更多地看到高度互联的世界中的混乱。公关正在经历着自我重塑的过程——如今，只有新闻稿已经行不通了。公关领域明显转向了社会关系领域，很多公关机构的功能已经失效；因为当很多其他行业占据了互联网营销空间时，公关公司却没有任何变化。

公关领域正在发生的一些事情非常有趣：互联网社交媒体领域（谷歌、Facebook 和 Twitter）出现了爆炸式增长，而互联网代理空间也正在经历一场变革。在我们看来，我们正努力争取在同一个领域占据主导地位。这些人想要借助该集团来学习如何形成自己建立品牌的方式。这些位于各自领域的代表都出席了伦敦的这次活动，并讲述了他们关于以下问题的看法：这个全球性的组织如何才能最有效地利用新的互联网空间，并快速应对可能遇到的挑战。

欧洲区的创意指导马尔科姆·波英顿（Malcolm Poynton）原本打算代表麒灵广告公司发言。不过，在最后一刻，马尔科姆却因为有事不能出席。他得知我刚好在伦敦，就让我代替他发言。我说："当然可以。你的演讲稿呢？"听到我这么问，他茫然地看着我。我才意识到我们需要一起准备一份足够精彩的演讲稿。最终，我们准备的演讲稿题目是《进入：故事场景设计语言》（*Enter: The Language of Storyscaping*）。

我们知道，面向值得尊重的观众发表演讲时，不能一上来就说"你们曾经所熟知的一切都是错误的"。这会让他们感到不舒服，很难获得他们的认同。首先，这种想法本身就让人反感；其次，它也不符合事实。我们认为，广告行业一直在夸大新旧事物之间的冲突。

有一些事情是我们已经知道的，还有一些事情是我们现在才知道的。我们鼓励大家认识到这样一个事实：传统方法和数字化方法二者的关系并不是非此即彼，水火不容。

如果你深谙广告的种种技巧（就像在《广告狂人》的时代），并且不作出任何改变，那么坦率地说，你可能完蛋了。如果来自那个时代的你跨越了这条界线，并且忘记了你所知道的一切，那么，你也可能完蛋了。或者换种说法，如果你认为世界是从昨天开始的且明天发生的事情才是最重要的，那么你仍然会完蛋。听到不需要对其进行彻底改革，你是不是松了一口气？故事讲述已有几千年的历史，广告及其背后的心理学也存在了几百年，彻底忘记将是一种巨大的损失。现在是变革广告的时候了。以前我们只是“使用图片和文字”，现在我们要学会“创建一种身临其境的体验”——鼓励人们参与到品牌中并成为共享场景中的一部分，而不再分什么你的世界和他们的世界。就像用装了 24 只蜡笔的盒子去代替装了 8 只蜡笔的盒子，就是这么简单。

我们告诉这些营销人员的做法是：“我们要发挥故事的力量，让你感受到我们对你所看重内容的重视，并以此来塑造品牌和创建情感上的互联。”首先，我们解构了已知的关于故事、广告和其历史的全部内容。然后，我们为互联网时代的故事讲述添加（而不是代替）了新内容。在就这两个重要步骤进行讨论和达成共识后，我们就可以通过系统思维将这些点连接起来。最后，我们利用新技术来建立有效的故事体系。这是我们创建身临其境体验的基本公式，这样品牌就可以成为人们故事的一部分，而人们又可以成为品牌故事的一部分。

在主题演讲结束时，观众们显然不能认同我们的理念。但是，当我们说出“我们应该从故事讲述转向搭建故事场景”后，听众们才开始低下头来做笔记。此刻我们感觉自己的梦想实现了，我们意识到这种说法是一种将所有素材联系起来的新方式。我们让听众了解了他们设想的内容，但却没有让他们更深入地进行接触。现在，他们可以更轻松地把握和启动这个不可思议的机会了。我们以一种非常实用的方式，在不断变化的格局中创建了这样一个机会。

你想知道我们演讲结束后的故事吗？实际上它并没有结束；它还在继续发展变化。那天之后，我们受邀在很多行业活动上陈述了“故事场景”这个概念（包括第60届戛纳国际创意节），尤其是向全世界各地的很多公司高管和市场营销专家进行了介绍。有趣且令人欣慰的一点是：他们中的很多人（我们自豪地将其称为客户）不仅采用了这种说法，还将它变成了自己的。有意思的是，他们经常会“评论”我们所提出的内容是否符合他们的故事场景，或者是否与他们的组织理念一致。我们很高兴他们现在能接受这个理念。当一个概念被大家所接受时，就是时候写一本关于该主题的书了。

说到书，你可能已经注意到近期有很多吹捧故事讲述作用的商业书籍；大多数这类书籍会让你相信讲故事是一种灵丹妙药，它能以一种有意义且有利可图的方式给你带来新的消费者。它们还会让你确信，经营得最好的企业和最成功的品牌都有一个精彩的故事。这些书说的大部分都是真实的，但他们没有指出的是：并非所有古老的故事都能达到理想的效果。你需要一个精彩的故事，这个故事应该不只包含文字和图片，你需要创造出能让人有身临其境感觉的世界，创造出能与互联网时代高度互联的消费者产生共鸣的世界。创建消费者可以感知和适应的世界，这样你就能在这个不断变化的环境中区分出情感的、身体的和虚拟的体验了。

无论你是刚刚起步的创业者、某个世界级团队的一员，还是坐在大企业宽敞办公室舒适椅子上的一份子，这本书都能帮助你更好地理解和想象这些身临其境的体验。它还会告诉你如何将故事讲述和系统思维结合起来，成为利用实际的技术来创建强大故事体系的宝贵指南。当你无法维持已有的营销成果且你的公司濒临破产时，或者事情在顺利地进行，但你的野心远远超过了你所取得的成就且你想要达到一个新的层次时，你可能就会感到沮丧。不管是哪种情况，本书都能为你和你的公司提供一些真正的机会。不要只是注意你应该坚持什么，或者重新包装并调整你使用的这些东西。

你不应该只是通过广告来告诉全世界你的故事，你应该学习如何创建一个世界，将故事变为消费者世界的一部分。这就是为什么我们积极地鼓励你不要再讲故事，而要开始搭建故事场景——或者不再制造营销，开始创造体验的世界。

快速、便宜、良好的规则。我们不知道到底是谁提出了这个陈旧的观念，我们是在装修办公室时第一次从一个建筑承包商那里听到的。他说："装修你们的办公室，我们有两种做法。我们可以干得既快又好，这样价格会贵很多；还有就是，我们可以很快完成工作，收费也低，但这样质量就不会太好。"他提醒我们，我们必须牺牲掉第三个元素，不可能鱼与熊掌兼得。

我们认为市场上的企业面临的情况恰好相反。在由三个相关组件组成的公式中我们运用了相同的观念，只是将这三个元素替换为：价值、故事和体验。和上面"必须牺牲第三个元素"的"规则"不同，这种逻辑放大了第三个元素。例如，如果你的企业提供了巨大的价值并创造了极佳的体验，你就能改善你的故事。如果你有一个精彩的故事并创造了极佳的体验，你就能提升你的价值。我们会继续探讨体验和产品的关系，因为二者是可以相互代替的概念，或者至少是高度相关的。这同样适用于价值和价格。如果你提供了极佳的体验（产品）并拥有一个精彩的故事（品牌），那么你就能得到更高的价值（价格）。

现在我们得承认一个事实了：任何人都可以通过提供折扣销售出更多的产品或服务，这些折扣包括：印刷一大堆优惠券、通过买一送一进行促销，甚至是租赁一套小鸡装——这些做法都不需要太多的想象力，且显得急功近利。然而，精明的营销人员却可以通过创建一个令人难忘的品牌故事让它们的产品和服务脱颖而出，这些品牌故事可以通过共同的价值观将企业与消费者从情感上联系起来。这些创意是需要真正的想象力和高情商的。能运用所有这些做法的人就是天才，他能以合适的价格、身临其境且具有差异化的体验对内容进行整合。脱颖而出和获得增长的另一种方式是：通过创建全新的商业模式、真正具有差异化的体验或创新来重新设想如何提供产品或服务。这就需要有一种能够实现它的远见。你要如何发展你的业务并让它显得别具特色呢？

下面是我们在本书中使用的 4 种主要营销方式。首先我们提供了一个关于比萨店的假设案例，并将它设计成能与简化框架进行比较的各种大小和类型的业务。其次，我们使用相同的框架提供了辨识度极高的真实案例，用于进一步阐释我们的观点。

基于价格的差异化。苏·杰诺若克（Sue Generic）开了一家比萨外卖店。在她生活的小镇上有两家相似的比萨店。为了增加业务，苏选择用买一送一的策略来宣传她的比萨店。在我们看来，苏并不是在讲述一个精彩的故事。你可能会辩解说这个故事可以解释为：“这家店的比萨很便宜。”当然，她的想法是好的；毕竟所有人都希望能买到便宜的东西。简单来说，从长远来看，只通过打折进行促销并不是一个好主意。基于价格的差异化并不是长久的经商之道，更不用说还要获得客观的利润了。

基于故事的差异化。苏·杰诺若克拥有一家比萨外卖店。在她生活的小镇上有两家比萨店，但她的店却是不同的。为了突出自己店的特色，苏很聪明地用一种相关的方式来与消费者和公众分享她的故事。苏告诉公众她在12岁时就开始学习制作秘制调味料。苏用的是有近一百年历史的家传食谱。她每周都会去购买所有重要的原材料，包括调味料中的“秘密”药草。每天都有新的消费者来排队品尝她的秘制比萨。她从来不接受预定，也不接受加急订单；只要比萨饼的面团用完了，她就会早早关门。

基于体验的差异化。苏·杰诺若克拥有一家比萨外卖店。在她生活的小镇上还有两家相似的比萨店，但她正准备改变游戏规则。为了增加业务，苏向消费者保证他们所定的比萨会在30分钟内送达。她甚至花钱买了一个移动应用程序，让那些忙碌的顾客可以在网上下订单。这是唯一一家提供差异化体验的比萨店，她的顾客群正在不断增加。

故事场景差异化。苏·杰诺若克拥有一家比萨外卖店。在她生活的小镇上还有两家比萨店，但都无法与她的店进行抗衡。苏知道，要打造一个成功的企业，她就必须成为消费者故事的一部分，在仔细平衡价值、故事和体验的基础上做到上述所讲的所有内容。她重新设想了全部业务，并拥有可以真正与人们建立关联的故事。她创建了不容易被别人复制的体验来提供产品；因此她的顾客很愿意花高价购买她的比萨。苏真是一个天才。

你已经知道了这4种主要的营销方式，并了解了它们是如何在各自的框架中开展工作的；下面是一个玩具行业的真实案例，它可以帮助你进行更深入的了解。

基于价格的差异化。我们不想给这种理念太多时间，也没必要再解释了。在现实生活中，你能看到很多这种糟糕的做法。人们不需要某个无名小厂制造的没有名字的蓝色泰迪熊。这种蓝色泰迪熊可以成为基于价格差异化的例子。它们的价格是 7.99 美元，这就是它们所拥有的全部了。如果你需要给一个你不认识或者不喜欢的孩子买礼物，你倒可以选择它们 …… 而且它们是蓝色的 …… 你还想要吗？

基于故事的差异化。你还记得 20 世纪 80 年代的椰菜娃娃吗？椰菜娃娃和货架上的其他玩具娃娃并没有什么不同。它们没有电脑芯片，不会动，不会说话，无法发出任何声音，也不会闪光——它们和其他玩具娃娃相比没有任何优势。它们的不同之处在于其独一无二的故事元素；每个椰菜娃娃都需要被“领养”，这使得买家成了整个故事的一部分。这就是为什么人们会付给玩具零售商和其他专营店小费，或者付给黄牛和收藏家 4 倍的价钱来购买椰菜娃娃。他们让作为“养父母”的买家成了中心。这就是我们要在本书中介绍和鼓励你使用的故事。创造出正确的故事并不容易，但一旦你做到了，效果就是巨大而持久的。

基于体验的差异化。在你们当地的商场里有熊宝宝工作坊（Build-A-BearWorkshop）吗？这家店需要预约。一家销售泰迪熊的商店也需要预约？为什么？因为这些家伙已经将泰迪熊的销售上升到了一个新的层次，他们的成功在于创建了让消费者身临其境的体验。想象有一个这样神奇的地方，你可以把最喜欢的泰迪熊当作自己的女儿、邻居，甚至是你自己。当你到达这个神奇的地方后，你可以挑选适合自己的泰迪熊了，选好后，你可以给它装上心脏，赋予它生命。给它装上心脏之前，你还可以亲吻它并许愿。

在你按照自己的喜好制作好小熊后，还可以选择最完美的服装给它穿上并把它带回家。你甚至可以为它添加声音；最后，当你要结束这次神奇的体验时，你甚至可以给你的这位新朋友起个名字。虽然这样做价格昂贵，但谁会拒绝让自己的孩子有一次这样的体验？类似这样的差异性体验可以让你的业务快速增长（通常要快于精彩的品牌故事），但其缺点是很容易被竞争对手复制。因此，这种方法一直以来都面临着挑战。

故事场景差异化。让我们探讨一下美国女孩娃娃店（American Girl Place）成功的现象。在 20 世纪 80 年代，教材出版商想出了一个办法来教美国历史：制作 3 个来自不同时期的高 18 英寸①的玩具娃娃。这些娃娃都带有忠于历史的故事书，里面详细介绍了她们自己的生活。虽然这些玩具娃娃的教育功能是其最初产生的动力，但你可以通过售后配件服务来给她们进行配饰和服装搭配。

当 1995 年美泰（Mattel）收购了这家公司时，已经有 50 多种玩具娃娃了，所有的娃娃都有来自世界各地（实际上各个种族）的故事。每个小女孩都可以用能代表她的娃娃来讲述自己的故事。如今，那些年轻的娃娃爱好者拥有真正的美国女孩喜欢的空间，就是能够漫步其中并收集娃娃的精美零售店。她们可以在美国女孩餐厅用餐，或者在美国女孩沙龙对自己和自己的娃娃进行装扮。这些零售店位于曼哈顿第五大道，是疯狂生日派举办的热门场所。

你可以浏览 iPad 上的整个目录，并将美国女孩日记应用程序下载到你的 iPad 上。娃娃拥有者们会到社交媒体空间去分享自己收集的所有娃娃的合照，或者炫耀收藏的在售和已经下架的娃娃（就像古董和艺术品一样）。在现实生活中还有关于娃娃和其拥有者的时装秀。

① 1 英寸 ≈ 2.54 厘米。——编者注

2012 年，美国女孩报告声称每年都会有数百万名顾客去其零售店，公司的年销售额已经达到了 1.005 亿美元。他们网站的点击率每年都超过了 7 000 万。

美国女孩的故事还没有结束。这就是我们将在本书中深入研究的故事场景——在分析了这 4 种不同的方法后，我们认为你会同意：搭建故事场景是一种值得进行深入研究的方法学，其过程可以带给人们很多的乐趣。

在面临市场挑战和发展我们的技能的过程中，我们应该保持积极乐观的态度。我们要把这看成是重新构想你的业务的机会。当你开始围绕你的业务创建世界时会发生什么事？当你的世界可以影响每个消费者的故事时，你认为如何才能让你的努力更有效果？如果让发生在消费者和企业之间的每一次互动都能为消费者带来身临其境的体验，让消费者想融入你的世界并成为其中的一部分时会怎么样？相反，如果你参与到他们的故事中，他们是否也会成为你的故事中的一部分？

想象一下，如何创建共同体验才能对消费者参与度和品牌推广产生影响。这个场景显示了从讲述故事（制作广告）到搭建故事场景（创造世界）的飞跃。这是一个非常大的飞跃。它是革命性的且不断发展变化的，我们的目标是让互联网时代的营销更容易为大家所感知。要做到这一点，我们不仅会强调要真正与消费者进行合作，同时还会分享我们所用的方法和完整的模式，并将二者结合起来。你会看到这实际上非常简单，当你养成一种习惯后，它会让你的工作变成一种享受。

在本书的第一部分，你将了解故事场景设计背后的目标和力量；你还会看到一些真实的精彩案例，并从对世界最有影响力的营销专家们的访问中收获分享的惊喜；我们会在第二部分分享关于怎么做的细节，并给你提供一个循序渐进的模式：借助它，你今天付出的努力会在不久的将来影响到企业和品牌的成功演变。

在本书中，麒灵广告在透明度上又迈出了重要的一步，证明了我们愿意与整个行业分享我们的方法。我们用这种风格和语言写作本书的目的是：帮助企业家在全球不同品牌案例的启发下作出改变。我们还希望能够帮助那些自知很难保持可持续发展的“竞争对手”——我们每个人都期望能成为最好的新型故事讲述者。我们还会将我们的成功方法分享给愿意发展自己的企业和品牌的那些人。对那些愿意尝试新内容、希望在公司的关键层面取得积极进展的人，我们将倾囊相授，而不会藏着掖着，有所保留。

搭建故事场景可以将精彩的故事情节转变为让消费者身临其境的故事体系，这样人们就可以享受与品牌的关联、继续保持对品牌的忠诚度，并且成为品牌世界中的参与者。但愿这个概念和循序渐进的模式可以让你回到市场主导的位置上，并让公司与你看重的消费者建立起更深层的联系；因为是他们邀请你的品牌成为他们世界中的一部分。希望你有一个愉快的故事场景设计之旅！

第一部分

故事再精彩，也拯救不了你的企业

STORYSCAPING

STOP CREATING ADS,
START CREATING WORLDS

01

从篝火中走来：故事让我们了解了世界的意义

STORYSCAPING

STOP CREATING ADS,
START CREATING WORLDS

人类与生俱来就有一种能力，就是可以将完全不相干的事情联系起来，并让它变得有意义。这就是我们了解世界如何运转进程的方式。看看史前考古学就会发现，我们一直都是这么做的。2012 年，布里斯托大学的一队考古学家考察了西班牙坎塔布连海岸的 11 个地下洞穴。在其中的一处洞穴——埃尔·卡斯蒂略（El Castillo）洞穴中，他们发现了人类已知最早的洞穴壁画。这些壁画已经存在 100 万多年了。在南非旺德沃克洞穴（Wonderwerk）的另一次不相关的考古中人们发现，有确凿的证据证明我们的古人类祖先已经开始使用火了。确实如此，第一个篝火可以追溯到 100 万年前。从这些发现可以推测：山顶洞人聚集在一起分享经验和讲述并记录他们故事的时间，和他们聚集在篝火前取暖的时间一样多。

如今，那些篝火场景的早期起源常被用来证明故事讲述的历史和社会价值。虽然这些例证很有用，但我们认为山顶洞人及语言的起源更能证明我们从故事中获得的价值。想象一下结构化语言出现之前的世界，人们通过咕哝声、表情和各种手势进行交流。可以想象，当时实际展示某物可能是解释它的最好方式。现在在脑海里想想这个理念，我们将向你展示：行动和体验也是交流的重要元素。在结构化语言出现之前，人们很难表达复杂的想法。即使在今天，如果没有一个系统或模式辅助，人们也很难将多个想法或简单的概念串联起来。

我们可以把故事比作胶水，它的作用就是将模式“牢牢地粘贴在”我们的大脑中。故事是我们了解世界的方式。我们通过故事与某地、某人、某物和某种思想建立起联系。宗教是由故事推动的，战争是被故事引爆的，而孩子则是在故事的陪伴中成长的。

试着不用故事去理解一系列事情、描述历史上发生的重大事件或向我们简单介绍你自己。你会发现，很难做到这一点。故事几乎可以帮助我们理解和组织一切事情。为什么你最喜欢某个地方？因为那里过去发生了某个故事。老房子里你最喜欢的的某个房间为什么会让你迷恋呢？为什么会出现这种情况呢？有人会说，可能是因为你脑海中存在的一些画面，或者是你在那里创造出的童话般的回忆。我们如何选择朋友？谁会吸引我们呢？当某物带给我们快乐时，我们会做什么？答案就是故事！我们借由故事与某个地点、某个空间以及某些人产生联系，故事总能帮助我们了解世界。从100万年前的篝火到洞穴壁画，再到希腊史诗，在漫长的历史时期，我们一直都在用故事来了解价值和生存的意义，并消除存在的不良影响。

装了8只蜡笔的盒子。回到制定结构化根基的基本事项上来。显然，不管做什么，第一步都是从某个地方开始的。如果你是一个刚刚起步、资源少得可怜的企业主，你就要坚守基本，并建立一个强大的根基，你可以在此基础上不断发展壮大。即使你有一个运行良好的市场机制，重回这个基础仍然是有趣的体验——对于故事来而言，基础（basics）= 结构。幸运的是，关于故事结构的各种信息我们已经进行了研究和共享，剩下的就是熟悉事实和构想品牌故事了。我们将简要地回顾一些基础方面的内容，作为你搭建故事场景的开端。战略和系统思维（Systems Thinking）就此开始发挥作用，帮助创建出引人入胜的故事。让我们先来回顾一下这个重要的基础。

我们都知道故事是有结构的，包含情节、背景、角色和叙事角度。我们经常看到这些模式，即使它们并不存在。你有没有凭直觉预测过一本书或一场电影接下来的情节？“讲故事”时，结构无论是精心设计的还是有组织地展开内容，都是一直存在的。你可以用诗歌、合唱和琴桥来思考音乐。此时，结构并不意味着创造性不重要，或者你的作品是刻板的。你可以把这些结构当作创意积木。你可以设计一个结构来突出故事的类型。你可以选择故事并决定其结构。结构可以将你的技术和艺术结合起来。你可以把它看成是对飞机模型零件进行了合理设计后，才进行粘贴、绘制并做飞行准备。

英国记者兼作家克里斯托弗·布克（Christopher Book）还分析了神话、民间传说、文学作品、电影和肥皂剧。他在进行深入研究后发现了一些重复的模式，所有的故事一共只有 7 种情节模式。战胜怪物、白手起家、探险、奇遇、重生、喜剧和悲剧，这些情节听起来熟悉吗？你正在使用哪种情节构建你的市场？你是否通过《贝奥武夫》《金刚》或《异形》进行销售，它们都具有清晰可辨的邪恶力量，或者有对众人构成威胁的“怪物”？你的英雄是否与怪物进行了激烈的战斗后，最终战胜了它？事实上，某些故事结构可以更有效地使品牌和消费者之间产生关联，并激发人们真正去参与并讨论品牌；这类似于某些能诱使人们跳舞的音乐节奏。某些故事更容易在人群中传播，并世代传承。美国神话学者约瑟夫·坎贝尔（Joseph Campbell）就揭示了他的著作《英雄的旅程》中的这一结构。坎贝尔提出，在这个结构中，观众通过价值观（如社会、正义、真理和自我表现）来与英雄产生关联。我们会将自己看作这些故事中的英雄。这个套路非常适用于建立品牌和消费者之间的关联。

《绿野仙踪》和《星球大战》就使用了《英雄的旅程》的套路。这两个故事都以不可能成为英雄的人物开始，主角可能很普通，甚至是非常落魄。多萝西和卢克都想实现更高的价值（他们想要世界的正义），但同时他们又感到无能为力。在一些有趣的转折后，他们遇到了一位导师，让他们意识到人生充满很多可能性。导师送给他们一个神奇的礼物（一双红宝石鞋或一把光剑），并把他们送到能够认清自我的危险任务中。在充满考验和磨难的冒险过程中，他们遇到了很多不如意，也都得到了可以用来拯救社会的宝贝或知识。通过这个过程，他们最终了解了自己和整个世界。现在，假设多萝西或卢克是你的顾客，而导师是你的品牌。你知道如何为他们创建联系吗？

在讲故事时，品牌所犯的最大错误是：认为自己必须扮演英雄的角色。但这只是自大而已。产品或服务应该扮演神奇的红宝石鞋的角色。汤姆布鞋（TOMS Shoes）是一个伟大的现实世界品牌的例子。汤姆布鞋是一家以“帮助有需要的人”为目标的公司。它的业务很简单。你买一双鞋，汤姆布鞋就会捐献一双鞋。公司从鞋开始，很快就利用这个成功的英雄模式进行了扩展。汤姆布鞋现在也开始通过销售眼镜来帮助人们恢复视力。消费者（英雄）和汤姆布鞋（导师）享有共同的价值观，而魔法是产品（礼物），通过让消费者参与来实现自己的价值观。你的品牌表现得像导师吗？你的公司制造或赠送礼物吗？

不管是尼安德特人的碰头还是社交媒体的社交活动，故事的核心都是人类存在的意义，最好的和具有神话潜力的故事结构中都会有一个英雄。甚至英雄本身也是有结构的：她需要离开正常生活、面对难以克服的障碍、陷入绝望的深渊、获得神奇的力量，最后携带战利品返回，并以此作为她转变之旅的证明。对于很多市场营销人员而言，他们害怕让顾客成为那个英雄，因为他们一直被教导着：把品牌当作主人公，而把顾客当作目标或“观众”。你可以授权顾客，让他们成为品牌叙事场景中的英雄。这样你可以成为他们故事的一部分——让你的顾客成为主人公；说实话，谁还能比他们可以更好地讲述你的品牌故事？

创建装有24只蜡笔的大盒子。除了基本结构以外，故事的下一个进化飞跃是什么？确实有一些令人兴奋的建议，我们可以用来将故事提升到一个新的高度。《哈利·波特》系列的作者J.K.罗琳的进步就是一个例证，她就从讲故事的人变为故事场景设计师。虽然罗琳最初是通过一系列书籍（文字和图片）来想象哈利·波特的世界，但她最终成功地将哈利从想象空间带入了物理和虚拟空间。在世人的眼中，她是一名伟大的故事讲述者，但在我们的眼中，她还是一名伟大的故事场景设计师。她不必通过忘记她所知道的东西来获得转型。J.K.罗琳还通过与环球创意（Universal Creative）的高级副总裁蒂里·库普（Thierry Coup）合作创造主题公园体验，从而将自己的爱好扩展到了包括空间和环境设计、游戏设计原则、声音、气味和一系列创新技术的应用上。她现在用来涂色的蜡笔颜色更多了，我们也需要这么做。

我们并不是要改变一般的故事主题。但是，就这一点而言，我们讲述故事的方式已经远远超过了涂鸦、书籍和电影了。那为什么并非所有营销人员或机构都这样做呢？技术使得我们能够把“写故事”的工具扩展为一种制造出身临其境的体验和情感参与的能力，这是前所未有的。做到这一点并不难。它只需要正确的方法、正确的模式以及正确的基础。没有什么能够取代人类进行有意义体验的欲望。我们需要用微博和帖子（而不是洞穴壁画）来与他人分享我们的经历。这仍然是在标记存在、通过友情体验表达与他人联系的人类欲望。用照片记录你最喜欢的东西就是数万年前洞穴壁画的现代版本。正是这种现代化的联系方式，让我们能在世界各地找到趣味相投之人。记住，现在的大多数故事都是交互式的。用木炭在洞穴壁上画画表达自己已经是非常久远的事情了，现在你的顾客早已不同。营销人员必须改变方法；我们不要再仅仅创造普通的故事，而是应该提供创新性方法，让顾客成为故事的核心人物。顾客不再是观众。最成功的营销团队正在将顾客打造为主角；顾客的“旅程”才重要。

现实就是，每个人都与故事有关系；从本质上来说，我们就是故事——我们存在就是要去看、去做，并且被人认识。。故事简单地表达了一点：“我在这里，看我。”这就是最早的视觉表达形式中所描绘和讲述的内容（洞穴壁画中的篝火故事），山顶洞人借助这种方式希求不被遗忘。

你可能会说，故事未必如此。噢，我们仍在坚守1 000多年前“讲述故事”的内在价值，将其作为最重要的和令人印象深刻的营销工具之一，改变观念和驱动人们的行为——还没有被改变。带着你学到的关于故事的知识继续前进吧！广告需要改进，要从讲述故事变为影响体验或产品。当你只是在讲故事时，你就没有进行完整的连接。改变、运用故事的力量，以创建可与顾客共享的身临其境的体验为中心，之后顾客会愿意在自己的社交圈中分享这种体验。以故事为货币，获取关联，并将故事带入更高的层次：使用体验的力量来改善它。要记住：人们更愿意记住和分享自己的故事，而不是记住和传播他人的故事。

故事是我们的货币。我们采访了一些成功人士，想看看其他获得成功的公司是如何将故事当作货币实用的。可口可乐公司的案例尤其具有启发性，因为该公司已经存在了125年之久。可口可乐本身就是故事。它是世界上认可度最高、分布最广泛的品牌。直到如今，故事对可口可乐公司也同样重要。

有些公司把故事讲述作为其遗产的基本组成部分，当然一些公司不是这样。品牌需要真正的目标，我们常常会发现：这个目标会与公司的精彩故事有关。如今，我们面临的挑战已经延伸到你如何利用故事和故事讲述的力量来推动公司的发展。

在可口可乐，你可以找到一个世界上最具价值、分布最广泛的品牌之一的档案。要获得更深层次的体验，你可以参观亚特兰大的可口可乐世界。可口可乐的新员工在刚入职时要花时间了解档案中的故事。一个个故事展示了可口可乐公司是如何成立、如何在国内外建造分公司以及如何开始打造不同品牌的。故事讲述是可口可乐公司的遗传基因。

并非所有公司都代表一系列“公司”故事。相反，只有母公司的品牌才有故事。这样的结构安排是一个不同于以往的挑战，因为创意方案源于品牌，而非母公司。

> 了解核心企业故事和核心品牌故事之间的关系之后，我开始相信“故事讲述”的力量。讨论新创意时，我经常把它比喻为“吊兰”。如果你能用好故事来填充中央的花盆（也就是母公司），那它就能充当所有幼苗（也就是母株孕育的品牌故事）的肥料。
>
> 乔纳森·米尔登霍尔（Jonathan Mildenhall）
>
> 可口可乐公司全球广告策略和创意副总裁

在可口可乐公司的众多故事中都有一个宗旨或理念，抑或一个明确的故事；还有一个能转化并落实到各个品牌的强大平台。

公司的整体故事和目标都非常简单。“可口可乐公司致力于革新世界让我们的品牌与行动不断激励人们保持乐观向上，让我们所触及的一切焕然一新更具价值。”可口可乐公司就是关于耳目一新、快乐、乐观向上和价值的故事。这是一个动人而专注的故事，这个故事随后渗透到了其所有品牌中。与这些品牌合作的人经常会这样问："这个品牌会带来快乐吗？这个品牌会带来乐观向上吗？这个品牌会带来价值吗？这个品牌会令人耳目一新吗？这个品牌会带来文化差异吗？"通过询问这些问题，可以保证可口可乐的任何东西都是以公司本身的使命为前提开始的。也就是说，公司不会做任何无法令人耳目一新的事情——没有零食和薯片。薯片不会令人耳目一新，但果汁和冰茶可以。这就是品牌故事如何遵循总公司制定的一整套组织纪律，然后在整个公司传播。如果无法通过乐观和快乐创造的价值来提振人们的精神，可口可乐公司就不会制造它。

今天的消费者着眼于企业的理念，并会因其理念而忠于这个企业及其品牌。在如今透明的现实社会中尤为如此——我们必须面对现实；人们所知道的远远比我们在销售中所说的内容多得多。他们知道我们正在干什么、我们如何对待员工、我们的供货商是谁…………因此，更为重要的是，要保证你不只是关注如何传播故事，还要关注你的行为举止。花点时间来评估一下，你和你的公司是否真的在努力实现你的目标。

例如，看看那些围绕着环境保护主题的悠久文化趋势。人们想更环保（或者被视为更环保），而且他们想让世界变得更美好。你是否注意过，有多少公司围绕这个理念来定位他们的产品或服务？你是否怀疑过他们真的这样做了呢？其中的一些公司并没有这样做，人们很快就会注意到这一点，然后便不再购买他们的产品或服务。你的故事和行为不能只是彼此符合，它们还要符合消费者的观念和期望。不要像某些石油公司一样，总是在说它们正在采取什么行为来拯救雨林，那显然非常虚伪。要致力于获得商业行为、消费者期望和品牌宗旨的共同关联。

这个加倍，那个减半。当一个大公司准备将其生产规模翻番时，股东会感到非常高兴，他们仿佛看到了大把钞票出现在眼前；而环保主义者则会感到非常不安。联合利华意识到了这种失衡。因此，当联合利华在公布未来 10 年内将其业务规模翻倍的目标时，也公布了要将其碳排放量减少 50% 的决心。它采取的方式之一就是对所有产品都使用生物可降解包装。想一下联合利华在整个供应链中会消除多少包装和废弃物——这是一个会产生积极影响、发挥真正效果的巨大努力。联合利华立即采取措施来减少其碳排放量这个事实，可以被看作是满足所有利益相关者的系统故事和日程设定计划。这一切都是从改进企业这个故事的力量开始的。

我们认为，公司里真正大胆创新的领导者们都应该讲述这些勇敢的故事来挑战自己的工作方式。当你与合适的人合作来编写这些故事时，这样的机会就会存在。

詹姆斯·卡梅隆的经验告诉我们：有时需要用超前的技术来讲述故事，而不是创造故事并等待技术迎头赶上。他对这两个方向都进行了思考。谷歌就是这样一个公司。谷歌的目标是组织全世界的信息。还有哪一家公司能拥有谷歌这样的雄心壮志？这确实需要伟大的故事和技术。谷歌的目标是：通过找出新方法编写代码，来成为全球性的组织——它的运作方式本身就可能成为一个伟大的故事。我们之所以使用“可能”这个词，是因为有时技术是正确的，但它讲述的故事却是错误的。有时，用新方法呈现故事会让故事流行起来。也许 Google+ 就是如此。技术并没有任何改变，但谷歌第一次讲述这个故事时，它并没有流行起来。对故事进行修改后，Google+ 的用户便开始稳步增长。显而易见的是，你必须将故事和用户体验巧妙地连接起来——这是关键。

我们都相信故事的力量，而且我们每天都活在故事的力量中。当故事被加入体验后，力量就会快速增加。它们是相辅相成的——和别人分享你个人经历的唯一方法就是讲故事。故事和讲故事在字典里被定义为对一系列事件的刻画，并将体验作为其中的一个元素。我们的观点是：作为元素的体验非常强大，但它们通常都没有被充分利用。人们更容易记住发生在自己生活中的故事，而不是发生在别人生活（或品牌）中的故事。故事越吸引人，人们就越容易与它产生联系或记住它。我们鼓励你问自己一些尖锐的问题：作为营销人员，我是如何考虑体验这个元素的？我的品牌是否正在形成情感联系？我的品牌、产品或服务是否变成了消费者故事场景中的一部分？

讨论一下涟漪效应。很少有人从体验入手去展开营销工作；大多数情况下，他们所期望的就是传达信息，而大多数代理机构所采用的营销方式往往是从讲故事的角度入手，而非从故事体验的角度入手。如果你的目标是体验式的故事讲述，那这将更容易变成指数级地讲故事。为 100 个人创造体验场景，之后让 100 万人在线观看它，对每个人来说都是可行的。这无疑是一个正在增长的趋势，被称为扩散和涟漪，我们应该更多地利用它。不过，你不应该从这个角度来考虑你的媒体计划。如今，它应该是一个事件的扩散和响应、内容、评论等的涟漪。研究体验式事件营销的指标并不能给我们带来回报或产生涟漪影响。因此在试着优化你的营销投资时，要记住，这些事情的价值在不断变化，应该考虑这些涟漪所形成的扩散价值，而不应该只考虑其所产生的成本。

你可以试着挑战一下，为优秀的内容创建一种“扩散”，然后将该内容扩大到世界各地。有些“扩散”在事件结束的几年后，仍然被人们津津乐道。耐克曾经投入了 2 000 万美元制作了一个只有3分钟的广告，该广告两天内就在YouTube及其Facebook主页上形成了“扩散”。所有的媒体都认为它不只是“扩散”，而是能立刻激起人们对世界杯热情的原子弹——耐克甚至不是官方赞助商。人们都在谈论它，到处都是它激起的涟漪反应；这是因为耐克让你成了其中的一部分。它延伸了对话，并通过比赛产生了涟漪反应。

从组织理念（Organizing Idea）开始你的故事更有效，它是一种用于激发体验的积极描述，而不是品牌声明。

一个很好的示例是可口可乐的“畅爽开怀”（Open Happiness）。它是一种能驱使人们参与和体验的积极表述。它与人产生了联系，而这些人就成为故事的一部分或者对它作出贡献。

让我们对品牌营销进行一次简单的比较，可以让你进一步思考我们的观点。比较一下百事可乐的“新一代的选择”和可口可乐的“畅爽开怀”。考虑一下这两个表述。你会采用哪个营销口号？哪一个更可行？哪个更容易与消费者产生联系并让他们参与进去？

可口可乐的“畅爽开怀”营销平台不只是讲故事，而是在创造故事场景。这是因为你必须做一些事情，才能“打开”快乐。

> 消费者越来越希望品牌能够对社会作出更多贡献。他们希望可口可乐能做得更多，而不是从公司固有的特点出发来让他们“耳目一新”。我们对本土社区项目的承诺就反映了这一点。我们是男女平等的拥护者，我们执行了很多女企业家倡议。我们很自豪地在非洲分发抗艾滋病的药物。我们在巴西投资，为这里的孩子创造新鲜

的饮用水。孩子们和妈妈们都是这么说的：“只要你能让我们的社区变得更好，我们就会买你的饮料！”

我认为，不管故事讲得多么严密或多么鼓舞人心，都应该把“讲故事”转化为真正的“创造故事场景”，因为品牌越来越需要占据世界上不同社区的积极空间。

乔纳森·米尔登霍尔

可口可乐公司全球广告策略和创意副总裁

02

你的初吻：利用体验的力量

STORYSCAPING

STOP CREATING ADS,
START CREATING WORLDS

每个品牌都需要一个故事。如果故事的角色是连接品牌和消费者的最有利的工具，那么有可能将这种连接发展成一种关系吗？是的！一种满足体验的力量；它会充分体现出讲故事的效果。它是很多“故事讲述”定义中的元素，我们认为它是最有效的。但在很多故事中，它都没有被充分利用：讲故事就用文字、图片、声音和 / 或场景体验来分享事件，有时候还有即兴创作或润色。场景体验要比单纯的图片和文字更有效。最好的故事还会创造出可供分享的场景体验。人们并不想只是想听到一个故事，他们想成为故事中的一部分。过去，我们推销业务的方法主要是使用文字和图片进行讲述。这在过去的 100 年间都有很不错的表现。如今的我们仍然在使用这些元素，而且在技术进步的冲击下，我们已经将“讲述”演变为消费者和品牌之间可供分享的场景体验。我们为什么要一直呼吁场景体验？这与创造更深的连接、增加客户保留率和延伸忠诚度有关。

场景体验的力量。我们会更清晰地记住我们的故事（和别人的故事相比），这是因为我们亲身参与其中。回想一下你的初吻。想一下：阅读关于某人初吻的好故事，会让你联想起你的初吻，进而将你和这个故事产生关联。观看某部电影中某人的初吻（有出色的表演、出色的导演和出色的摄影技巧）会怎么样？观看这类电影不仅能建立连接，还能进入下一个阶段。当你听说朋友的初吻故事时会怎么样？这也能建立连接，一方面是因为这是你认识的人，另一方面是因为个人经历会使这个故事更吸引人，而且可能会因为我们天然的本能而产生更深的连接。如果你自己从来没有经历过初吻的滋味，那么你就不会与其他人的初吻故事产生紧密的连接。这就是要将体验设计为营销计划的元素，甚至是商业模式的原因。我们必须想办法创造消费者和我们的品牌进行“初吻”的机会，而不是只告诉他们我们的品牌。这就是创造故事场景和讲故事之间巨大的不同。开始向着能提供初吻体验的方向来设计营销工作——如果可以的话，就用多种方式、在多个领域同时进行。给消费者创造机会，让他们可以随时随地进行体验。

初吻是令人难忘的。初吻是最让人动情的。初吻会一直存在于脑海中。我们会和每个新伴侣重新体验初吻。每次靠近下一对嘴唇时，我们的期望就会调动所有的感官，直到它们全部被调动起来为止。这就是你创造品牌的场景体验时，所寻找的情感和生理反应。此时人性就会起作用，在我们的脑海中不断重播这些初吻的体验场景。如果你喜欢冒险，可能会有与不同种族或宗教的人的初吻体验。你也许会想和同性接吻会怎么样？婚外恋的初吻呢？你会回想，你在医院的产房中亲吻刚出生的新生命的感觉，你也会回想创造人们会不断回想的品牌体验，就像他们会不断回想他们的初吻一样。创造人们会不断返回、以各种方式重新体验品牌的体验。也就是说，作为一个品牌，要创造更多的体验来提高品牌的重复购买率。消费者的参与度越高，他们就越能记住并紧紧追随于你，从而延长他们与你的品牌的连接。为此，你必须不断创造出让消费者继续接吻的体验来。

场景体验还是学习和积累知识的强大平台。在我们两岁时，妈妈会不厌其烦地告诉我们不要碰热火炉。你却因为好奇而执意去碰，结果你的皮肤被烧伤了，你便会将这次经历铭记在心，成为你故事的一部分。和妈妈的声音相比，你脑海中会更深地记住这次刻骨铭心的体验。在“不要碰热炉子”这个故事中，妈妈是讲故事的人，你是故事创造者。为什么呢？因为你经历了。这种经历会变成有效的知识，为以后行事提供参考。你甚至可能留下了一个小疤痕。

和阅读一本关于尼泊尔、圣保罗或布鲁克林区的书籍相比，人们会更清晰地记住他们第一次到这些地方的经历。人们不仅会记住那些亲身经历，还会与别人分享这些经历，而这可能会影响到别人去尝试这些经历。体验能带来进一步的故事讲述。在科技手段的帮助下，体验不再只是扩散，它会在各地都形成涟漪反应。

是什么将我们从“讲故事”带入了“故事场景的摩天楼”？让我们来看看推动这种必要性的一些变化。

消费者的期望。其中最大的一个挑战是消费者的期望正在发生改变。他们会快速转换，还会不断地制定新规范。消费者还会被鼓励去评论、批评并分析从袜子到政党的一切事物。他们与内容有着一种全新的关系，并且通过分享它就能制造社会压力。这个新世界赋予了消费者权力和影响力。

今天的消费者已经完全忘记了过去我们是如何走到公共电话亭打电话的了。我们需要花 15 分钟在一个旋转式拨号盘上拨号；当交谈超过 3 分钟时，就需要支付更多的零钱。现在的消费者并没有“必须等待才能打电话”这个概念。现代的消费者用手机来支付账单、确定孩子的位置、录制视频和规划自驾游路线，甚至是查询晚上应该烧什么菜。我们只需要在屏幕上点击几下就可以做到这一切。除此之外，利用智能设备随时都可以做这些和大约 30 亿件其他的事情。作为社会的一部分，我们很快就适应了这种便利性。我们一定要提防那些随时会颠覆这种指尖触手可及事件的发生；全世界都将会知道这一点，只要整个世界能恢复正常运行即可（在我们看来，这很可能是一瞬间的事情）。

我们可以通过发帖、状态更新、激活视频和 Twitter 信息来听取消费者对服务、产品、品牌或客户代表（他 / 她一整天或整晚都在进行互动）的意见。这会创造出一个生动的动态记录或奖杯架，目前这两者都适用。我们可以立刻在社交媒体上提供和 / 或阅读消费者的评论，且主要的零售商和服务行业也都鼓励消费者进行评价。如果你找不到消费者的评价，可以到某个专门的服务点评网站上查看。

消费者就是营销人员。除了评论和评价外，公司不再是品牌观念或内容的唯一决定因素了，那谁才是呢？消费者！如今，消费者给品牌打造了大量内容。消费者和品牌的关系在 2008 年就发生了极大的转变，这一年人们开始使用社交媒体进行在线交流。社交媒体机制给人们提供了与品牌平起平坐的机会，让他们可以直接和品牌对话，并能利用科技的便利性来进行分享和评论等。现在，人们与品牌的交互方式是不久前在学校学习品牌管理时无法想象的。以前，人们不能随意使用品牌标志（logo），也无法给不是直接由企业或广告公司控制的品牌制作某些东西。现在的情况已经完全相反，品牌是属于消费者的。它对所有人都开放。借助科技的手段，消费者随时都可以截图、拍照并传播与品牌有关的内容，他们也确实是这么做的。如今的用户会花时间将照片（由主题标签分类）上传到 Instagram 上。

我们无法监管这些关于品牌互动的私人照片，尽管有时这些交互是不恰当的，甚至是限制级的。欢迎来到这个能够进行民主表述的新时代——一个包含对品牌传播或品牌体验和产品使用 / 误用的新时代。一个品牌的 Twitter 标签可以被用到任何思想、任何政治主张、任何消费者满意度或投诉上；而且对于消费者，品牌必须充当交互者，而不要向他们提起诉讼。

一种现代的方法决定了这些交互作用仍然有资格作为一场有效的品牌之旅的一部分。某些机制（如 Facebook 页面）让品牌可以直接和消费者对话，并能与消费者交流经验（不管是好的还是坏的）。官方客户服务时间已经不再重要。银行的 Facebook 页面必须随时准备处理已经公布的有关高昂收费的内容；一家保健食品厂商可能会被要求承担政治活动捐款的任务；一家汽车制造商可能会被问及其出厂标准。所有这些都发生在非常公开的领域：全世界的数万名观众会通过随时点击屏幕来分享这些故事。

甚至英国航空公司（British Airways，BA）都要采取付费社交媒体推广，而这一切都是由于一名乘客丢失行李而引起的。这名乘客在社交媒体上投诉了 BA 糟糕的服务之后，收到了这样一条反馈信息：BA 的社交媒体监控只在某个特定时间段内才有效；而且在发送一条消息后，过一段时间才能得到回应。这导致了后续一连串事件的发生。这名乘客花钱推广了他的这条 Twitter 消息（类似于购买了一条广告），并重点针对 BA 的市场。这导致 BA 遭到消费者铺天盖地的批评。本来一个可以轻易解决的小问题（丢失的行李）演变成了一场大规模的社交批评对话：这得益于针对核心目标的付费推广。现在，消费者发布的内容可以通过付费放大为广告。这并不是消费者第一次通过付费来进行投诉，但现在变得容易多了，它充满活力且十分强大；它提醒我们在品牌对话中使用我们的内容，它还提醒我们消费者对服务和社交媒体渠道的期望。

事实上，每个人都因为互联网而变得更有创造力和表现力。摄影类应用程序将每一个拥有拍照手机的人都变成了安迪·沃霍尔或安塞尔·亚当斯。上帝保佑我们！可点击的过滤器和照片编辑工具能够生成极具吸引力的图片。免费（且强大）的博客平台让所有人都有机会成为能发表作品的作家，让他们能够写出任何内容。任何人都可以发表社论内容，并对任何内容进行诗意粉饰。很多博客专门用于为特定的消费者提供产品和服务的评论：爸爸的博客、工匠的博客、单亲妈妈的博客、双胞胎的父母、同性恋车迷天地、角色扮演迷、人形犬、绒毛公仔，等等。人们通过发起一场社交媒体运动来挽救要被取消的电视节目。有些博客专门为某个电视节目而开，并会回顾这个节目的某些片段。这些博客中还有影迷们持续数页的热烈讨论，偶尔还会有该节目的编剧和演员参与其中。人们创造和消耗内容的速度要快于以往任何时候。这是一个巨大的转变，是无法避免和停止的。继续转变，从品牌控制转变为品牌支持。通过创造世界和身临其境体验来形成更大的参与度。

消费者有蜘蛛感官。在你连接到体验的力量后，我们就来了解一下为什么体验这么重要。我们必须接受这个明显而重要的事实：在这个万物互联的时代没有任何秘密。这确实是一个永远在线的世界，你只需要按下一个键、点击一下鼠标，更有可能的是触摸屏幕并用手指滑动一下即可。超链接带来了一个副产品——透明度的增加。消费者觉得或者说他们感觉到只需要 4 秒钟左右就能了解一个品牌。想一下你自己生活中的真实案例。假设你到了一个很远的地方；你既不会说当地的语言，也不了解当地的文化。你走进一家商场随意闲逛，之后决定要到某些店逛逛去。只要你靠近任何商店的门口，马上就能确定这家店是否“适合”

你或你的妈妈，这家店的档次怎么样，他们是否关心品质，他们是否关心消费者等。消费者会下意识地调动所有感官来得出这些结论，尤其是我们的第六感，或者说我们半开玩笑地称之为蜘蛛感官的感官。

消费者想要体验（而不是广告）的根源是人的本性。我们都在不断地书写、改写、编辑并策划自己的故事。它是唯一的故事。它是你会投入所有时间去做的一件事。你永远不会对自己的故事失去兴趣，除非你想跳入另一个故事中——就像当你看电影或读书，又或者玩电子游戏时。在此时此景中，人们会逃避自我并积极地搁置现实。遵从自身理念来生活是人类的天性——不只是你的消费者，而是所有的人。我们的头脑会不断进行评估：“我能从中得到什么好处？”“我如何才能从那辆车中看到我自己？”“我干那份工作的话，别人会怎么看我？”如果你能听到别人脑海中的对话，就会发现：你所听到的90%的对话都是关于他们自己的，而不是关于这个房间里发生了什么，也不是一些更高级的东西。每个人都专注于自我的旅程。

讲故事高手们都知道，在准备能与观众产生连接的好故事时，其主要因素是确保观众能在故事中找到自己。这能让消费者与它产生共鸣。不管故事情节是战胜怪兽、进行了一场生存之旅，还是遭遇失恋，都没有关系。当人们读一本书、看一场电影或听一个故事时，不管使用何种手段或格式，都必须让他们在故事中看到自己。他们看到的是自己的渴望还是缺点根本无关紧要，只要是自身的一些方面即可。这就是故事场景的力量。作为一个企业或品牌，成为消费者故事的一部分，才能与消费者建立起最强大的关系。

基于体验的差异化VS产品差异化。顾客通常都是来自两大阵营之一：第一个阵营认为基于体验的差异化是竞争优势；第二个阵营则认为成功得益于他们对于保持竞争力和满足消费者期望的关注；他们希望找到或利用能够超越竞争对手的产品或服务优势。处于第二阵营时，我们会抓住机遇深入探讨研究，以帮助我们更好地理解某个消费者的期望和行为。在这个阵营中，我们还开始帮助消费者想象他们开始关注体验的场景。有时，我们发现消费者的期望有点不切实际。例如，零售连锁店希望他们从网上商城购买了某个产品后，可以到实体店去退货。对于消费者来说，这似乎是非常合理的。他们会觉得这和网上的那家店是同一家公司。而对于这家零售连锁店来说，满足消费者的这个要求可能需要付出巨大的代价。这个零售商可能需要把某些东西（如库存系统）连在一起，但它们并未对此进行设计。这个销售单算谁的？是这家实体店的经理，还是负责公司网站的那个人？你要如何跟踪不同地区的库存？这个简单的消费者期望会给他们造成混乱。而一些公司看到这种情况后，就会将体验当成毫无收益的内容忽略掉，另一些公司则将它看成是跟上其他零售商步伐的“无可避免的”开销，不紧不慢地继续前进。聪明的公司知道，创造好的体验往往能带来你正在寻找的竞争优势。

现在回到第一个阵营中。他们会寻找可以用于超越其他竞争对手和产生相关性曲线的差异化体验。品牌可能会失去光泽并需要注入新的活力，这通常发生在那些需要做广告的品牌上。当围绕着该产品或服务的产品 / 体验变得无关紧要时，企业也就开始在消费者心中变得无关紧要了。迪士尼和汉纳 · 巴贝拉的故事就是一个例子。假设有一个关于家庭娱乐的品牌。假如那个一直坚持《米老鼠》动画片的公司没有发展成今天的迪士尼，那么它就没有取得任何飞跃或发展。但如果一个类似的品牌将自己定义为动漫公司，你就会发现汉纳·巴贝拉错过的机会。这种情况清楚地显示出大品牌正在如何变得无关紧要。想一下百视达（Blockbuster）公司。在很多小录像带租赁店停业时，百视达却遍地开花。在其鼎盛时期,他们可能觉得自己征服了全世界。而现在呢？如果当时他们能看到正在发生的变化，就不会被奈飞、罗库（Roku）和葫芦网（Hulu）抢走了生意。他们所需要做的只是询问消费者的意见并加以重视。他们不必成为天才，他们只需要研究消费者即可。这就是我们为什么要专注于消费者体验和差异化体验，让你了解民族志、社会人类学、产品开发、体验设计和创新——这能让你充分了解这个世界。人们的行为和期望会快速改变，只需要将技术创新看成引起这些变化的最重要的催化剂即可。如果你想预测消费者的行为，就要注意消费者的技术革新。如果你的业务正好是制作广告，那么你就更像是百视达，只是在尝试着让更多的人进入街角的那家店。于是你失去了构想。你失去了你的地位。你失去了相关性，从而也就失去了你的生意。

精彩案例研究

立博博彩公司：从投注的旧世界创建一个新世界

投注的旧世界。立博博彩公司是英国最早的投注公司之一。它不仅拥有马术研究的历史，还帮助英国推广投注。从 1886 年开始，他们就一直排在业界首位。想象一下它的无所不在，它的零售店面要比英国最大的食品杂货连锁店都多；它大约有 3 000 家位于闹市区的商店。投注是一种步行交通文化——100 多年以来，在商店或赛马场的投注都要以个人形式进行。立博博彩公司只提供赔率。但是“5 : 1”或“7 : 5”只是精明的投注者和数学家才能理解的信息。而对于其他人来说，这就是一门他们看不懂的外语。“其他人”占据非常大的市场份额，是整个行业都在竞相争取的对象。立博博彩很快就开始提供免费赠券。“注册就能获赠10个免费投注额 ”。这些优惠在很大程度上依赖于电视宣传。在英国，电视上播放的免费投注额和赔率广告与美国电视上播放的保险类广告一样多。有很多关于投注的电视广告。就是这些电视广告推动了基于价格的差异化以及商品化的必然之路。在2009年之前，这一切都在按照这个程序顺利地进行着；但互联网机遇彻底改变了这个游戏。

没有人愿意失去头把交椅。立博博彩公司的竞争对手取得了第一的排名。立博博彩公司正在失去其老客户，并且无法吸引那些一切事情几乎都是通过网络或移动设备完成，而很少亲自前往实地去做的新顾客。该品牌继续求助于金钱奖励。这种方法会吸引一些寻求免费投注额的顾客，但却无法留住这些顾客：因为他还会继续寻找提供免费投注额的另一家公司。立博博彩公司只是吸引了追求免费投注额的消费者；公司品牌和其消费者之间并没有建立起真正的情感连接。这进一步加强了对基于价格或价值的差异化的挑战。我们必须帮他们找到一种更好的方法。

寻找与消费者建立联系的新方法。我们分析了立博博彩公司的经营策略，当时它还不具备实质意义上的互联网视角。我们对投注行为和投注情感进行了调查。人们为什么要投注？他们之所以投注，是为了感觉更聪明，是为了享受智力的奖励，还是他们也将下注作为社交机制（与朋友或同事相处）的一部分。但是，我们在调查中发现的最重要的一件事是：所有公司都没有真正利用人们之所以要投注的关键情感成分；真是太令人兴奋了！没有一家投注品牌讲述过刺激的故事。我们说服立博博彩公司“寻求刺激”是关键，其他公司都没有这么做。我们为情感故事差异化找到了一个强大的领域。我们还明确了如何传递这种刺激，以及我们需要什么来创造更多令人兴奋的体验。我们建立了大规模的、智能化的技术平台，使得交易能够实时进行——真是太刺激了！

我们还创建了一个移动 APP 产品，让消费者在任何地方都能进行实时投注——真是太刺激了！从本质上来说，我们使用技术手段来创建拥有先进投注智能的实时产品和服务，来进行更智能的动态投注——真是太刺激了！然后，我们提供了能创建刺激故事的通信系统。例如，立博博彩公司的投注者们能对一场足球赛进行 700 多种投注，而不只是对全场或半场比分进行投注——真是太刺激了！

建立在寻求刺激之上的故事体系。我们没有尝试让电视广告中那个处于兴奋状态的角色到处去讲述立博博彩公司的故事，而是使用“游戏开始”的组织理念来指导我们设计故事体系。通过让通信工具和体验设计团队结合起来，我们让消息传递变得更加具体。例如，每当投注者点击“投注”按钮时，它就会显示出“游戏开始”来加强刺激和品牌故事。这一切当然只是表面现象。我们并不只是在谈论刺激，我们是在提供刺激。我们让投注者参与到讲故事中，这样他们甚至不再关心输赢；投注者能够以这种史无前例的方式参与其中。投注者在任何地方都可以继续参与。立博博彩公司将其投注业务重新定义为“实时赔率”投注。现在，立博博彩的消费者可以使用一个实时更新的强大在线平台，用智慧对所有可能的投注结果进行投注。消费者会收到立博博彩的提示，指出根据这一刻的赛场情况，赔率发生了怎样的变化。消费者就可以通过智能手机来采取行动。可以这么说，“投注商店”就在你的口袋里。作为故事场景摩天楼强大性的示例，如果在插播广告前，一名球员刚刚下场 / 上场或者有人没有射中球门 / 射门得分，立博博彩电视广告都会如实进行播放——是的，实时播放。这是一个动态故事和互联体验，因为它同时会提醒某人进行实时投注。又如，假设传奇球员韦恩 · 鲁尼（Wayne Rooney）在插播广告前上场了，立博博彩广告就会进行实时投注（比如，投注 100 美元），赌韦恩 · 鲁尼能够进球得分。这都为足球体验增添了兴奋点，更重要的是这意味着增加了参与度。在任何地方都能进行通信和投注；不管投注者是亲自观看比赛、看电视，还是在进行家庭野餐的过程中查看赔率，他们都会沉浸在这个故事中。

通过真正的关联性思维，我们成功为立博博彩创造了身临其境的体验场景。我们有一位研究行业动向的策略家。我们还动用了心理学家来定义和了解消费者想要参与品牌的方式，且不会将目标受众看成“用户”（很多互联网商店都喜欢这么做），而是将他们看成大众。我们的媒体研究小组会研究所有的营销渠道，而不只是电视。我们的技术专家开发出了能提供新的互联体验的系统（应用程序、平台、界面等），来增强作为行业支柱的产品。我们让作家和艺术总监以能产生共鸣、容易理解且能让人感到刺激的方式来讲故事。

焕然一新的生意。我们刚开始只是想让一个老品牌重新焕发生机，但结果是我们完全改变了其体验场景。我们让公司网站的注册量增加了 65%、网络化的体育博彩成交量提高了 34.5%、实时投注提高了 34.2%，我们确实让立博博彩公司重新夺回了头把交椅。

这个故事在情感层面也产生了共鸣。根据广告效果调查，“反映出博彩的刺激感”增加到了 54%（而一般的竞争对手只有 37%）；而品牌偏好也提高了 33%，让立博博彩重新回到了领头羊的位置。另外，社交媒体监控还显示，立博博彩被讨论的次数是其劲敌的 3 倍。

立博博彩公司的故事场景摩天楼确实创造了一个新世界，一个消费者体验和参与的世界；在这个世界中，该品牌是消费者故事的一部分。这些结果都证明了：作为企业领导者，如果我们能够通过真正了解消费者来持续关注身临其境的场景体验及其相关故事时，就能重新吸引消费者并从中获取经济效益。

科技是有利的工具。技术为我们带来了一些超酷的东西，一旦你熟知它，就很有可能在“欲望”和“需求”的差异中找到很多超酷的东西。然而，这种强烈的期望驱使大多数已开通了手机银行的玩家将其添加到自己的需求清单中。我们可以对法定货币和支票拍照，并将照片发送到空中，然后它会返回到一台计算机的显示器上，用听起来很可信的免下车服务柜员声音说：“好的，我们将会把这笔交易的金额计入你的账户，并更新你的余额。”这对银行来说非常棒。实用性会让人眼前一亮。这项技术的确提供了便利性，我们再也不需要与以过程为导向、以交易为基础的银行柜员打交道了。谁能想到万能的美元竟然可以被这样使用？既然我们可以通过对支票拍照来存款，那么当手机银行出现问题不接受我们的存款时，我们的世界就会崩溃。你说照片今天不能用是什么意思？你是认真的吗？我必须开车去一个支行了。我到那里后他们才得知这件事！权力应该属于大众。当然，只有技术并不能完成这个虚拟的交易。幕后存在着另一种形式的创新，这种创新需要“系统思维”——能够深刻理解人类体验和改造或重新构想世界可能 / 应该运作方式的想象力。也就是说：如果你无法实现它们，这些想法就没有任何价值；但实现它们需要某些工具。技术就是驱动它的工具。

显然，随着近年来科技的不断进步，服务平台已经变得更有趣、庞大、快速和有力。如今，科技让人们可以建立大规模的互联，因而更容易快速地建立起紧密关系和社区。因此，接受和创新的速度可以更快，且小众群体也可以变成大规模的群体。我们一直宣称，通过体验可以在品牌和消费者之间建立起强大的情感连接，但你可能会问：“什么让人如此情绪化？技术与个人有什么关系？0和1（软件）也并非完全友好，对吗？”这正是本书的观点。

在这个传统的世界里，讲故事的人承担着建立传播的任务，而产品或操作人员则负责开发产品和系统。我们相信这些障碍都需要被打破。任何优秀的首席营销官（CMO）都想要对产品体验有一定的影响力。如果你在向全世界宣告“这是终极座驾”后制作出了一辆差劲的汽车，那么你是无法管理宝马公司的。这很快就会行不通了。克莱门特·默克（Clement Mok）在他的《设计商业》（*Designing Business*）一书中解释了为什么体验就是品牌，对此，我们也非常认同。

我们都需要认识到，在这个网络化故事讲述的时代，品牌会与消费者一起创造体验，这能让该消费者想成为这个故事的一部分，而不再只是被动知道你的品牌故事。这是一个重要的区别，当我们意识到这个机会时，就应该更频繁地创造身临其境且令人难忘的场景体验。拥有品牌的体验是消费者渴望和期待的互联。要记住事实胜于雄辩，体验是更为强大的，真品是无法取代的。让你的体验尽量真实可信。

在回顾了市场和期望变化后，人们很容易赞同：消费者寻求的是与品牌的互动和参与。虽然体验带来了机会，但它们无法孤立存在。要建立品牌价值和有意义的关系，体验就不能被孤立；它们需要成为品牌故事线的一部分，更主要的是，它们需要成为故事体系的一部分。因此，我们的重点应该更多地放在故事和场景体验的力量上。你应该开始创造世界。

03

勇敢新世界：从讲故事到故事场景摩天楼

如果你阅读了引言部分，就会记得我们是如何分享信念的：讲故事（创建广告）只占1/3。而通过分享体验创造的真正客户互联占剩下的2/3（创造世界）。也就是说，要提高业绩，我们就必须集中于创造这样的世界：身临其境的场景体验将人们和品牌连接起来。作为创造正确世界的一部分，旧的营销方式（创建广告）成了系统（为了可持续发展、品牌忠诚度，甚至是生存）的一部分。我们要拥有全部才可以提升业绩，只有其中的1/3（而没有剩余的2/3）远没有那么有效。

你的大学时光并非完全浪费。在其他现有书籍和博客中，你可能会得到这样的信息：这是一个全新的世界，过去不重要，你应该摒弃过去所做的一切；在代理商那里，你可能会得到这样的信息：现在是互联网的时代，社交媒体才是唯一的出路；在新闻媒体的采访中，你可能会见证新学派和旧学派之间的争论：新学派将旧学派称为“恐龙”，觉得他们迟早会灭绝，而旧学派反击说新学派只会风行一时，而拥有智慧的他们则会长期存在。我们不认为这是一种非此即彼的状况。我们认为忘掉你已经知道的一切是不明智的。你从之前使用的方法（创建、计划和安排品牌、产品、服务销售渠道的方法）中学到的知识仍然有效。如果你要使用这些旧方法，就要知道：在你创建世界后它们才会起作用，这时你才能告诉人们如何寻找这个世界的连接点。我们希望你能认识到：新旧媒体之间的斗争根本无关紧要；输赢并不会引起真正的改变，也不会带来任何结果。重要的是，你拥有开阔的思路和向前发展的意愿和能力。在准备阅读这本书的人中，很多都只支持旧 / 新媒体的其中之一；很少有保持中立的。我们觉得这才是真正的问题。我们不应该试着限定你要支持哪个学派，而是应该动手创造一个世界并进行观察；你会很惊讶地发现，斗争在你眼前消失了；因为新旧媒体、新旧方法很显然都可以作出贡献。正如我们之前所说，它更像是一次进化，而不是一次改革。挑战在于如何确定保留和丢弃哪些旧工具，以及在工具包中应该添加哪些新工具。关于这一点，我们无法给你一个明确的答案，因为它对每个人来说都是不同的。我们要做的就是提供一种万无一失的方法，让你自己找到答案。

我们都用过只用文字讲述故事的旧方法，而且我们都知道它有确定的技术；我们也实现了在故事中加入动态图片，从而让它变得更加有趣的方法，它也有确定的技术。随着互联网技术和媒体细分化的快速发展及其带来的巨大好处，很多公司都无法消除新旧方法之间的差异。我们认为消费者行为和期望的改变会造成巨大的威胁，但这样做也会给企业带来最大化的机会。世界正在快速改变，要充分利用这一点。想象你拥有一家旅行社、唱片店、书店、录像带租赁店、独立的保险代埋公司、汽车专卖店和饭店；你的企业在过去 5 年里发生了什么改变？很多公司都失败了，但也有一些取得了长足的发展。想一些关于胜利者和幸存者的例子。单独改变它们的定位（故事）有帮助吗？它们是通过改变业务才生存下来的吗？还是两者兼而有之？这就是企业正在遭受的，它们的衰败是我们没有想到的。为了大大降低这一挑战，我们在创建麒灵广告时就已经了解到：关键在于要将目光从竞争对手转移到消费者的未来展望和可能的行为上。一个大的传播理念在短期内能处理不相干的症状，但除非你能满足消费者对体验的期望，否则总有一天你会输给这么做的人。广告的确非常重要，但你不能只依赖它来推进业务。花时间创建一个包含交流和突破的品牌世界，在这个世界中，业务的各个方面都是互联且协同工作的。我们说："创造正确的世界，成功就会随之而来。"当你的世界是被明确定义、共同创造且系统互联时，就会产生令人印象深刻的结果。

我们已经最大程度地触及到了能帮助我们理解这个世界的角色故事扮演。我们强调了作为创建个人故事的体验的力量。现在我们要探索体验场景（世界）和媒体计划的概念，并以此来告诉你如何创建互联。我们认为，需要先打破广告行业以媒体为中心的观点。我们认为这种短视会阻碍代理商和广告商创造世界。即使是付费、自有和免费获得媒体的前提（虽然更聪明且更具包容性）也会被打破，因为它不切实际。我们从上一次的调查中发现消费者的世界不只是由媒体组成，你肯定不能期望进入媒体策划数据库、找出几个数据点并让它形成该消费者世界的地图，包括影响力、行为和喜好——以某种方式发送信息时，它的重点仍然是媒体消费和曝光度以及两个重要的数据点，但你几乎完全不需要创建一个互联体验。拥有品牌体验是消费者渴望和期待的互联。因此，我们必须重新创建互联计划。

设计的世界。我们已经展示了人们如何使用故事来理解我们生活的这个世界。当然，通过物理和虚拟空间且通过情感空间互联的故事肯定会让我们更加了解（且连接到）所有的一切。这就是我们所说的体验场景，它能有效地定义一个世界。要充分描述一个世界是更加发人深思的：世界比言语更强大。世界包含人们想成为其中一部分的故事。世界是通过故事体系创建的；它们无法通过一条故事线或媒体计划来创建。世界是由多个有趣的场景组成的，人们很享受在这个场景中与品牌互动。世界提供了机会，让人们可以用身临其境和合作的方式来连接品牌。世界有内部连接和再生能源，且为行动而存在。世界是被引导的，世界是自由流动的。世界是我们把传播和商业真正连接起来的地方。世界是品牌和消费者共存的地方。

要更好地了解我们所说的这个世界，就要把它看作体验场景：人们和品牌获得连接、参与和角色扮演的画布。你设计这个体验场景是有意穿过物理场景和虚拟场景，而且你通过情感空间来连接它。我们现在就来探讨一下它。假设你坐在办公室的椅子上，且办公室里只有一张桌子、一台电脑和一些典型的办公室用品。你正在专心阅读本书。这描述了一个维度——物理场景。同时，你的脑海中会出现一段独白："我要保证将这个提议交给珍妮特，这样她才能检查它并把它交给昆汀；我们真的需要结束这笔交易 …… 明天是安德烈的生日 …… 我希望周末旅行时也会遇到这种好天气 ……"所有这些都发生在你在网上检查业主保险、阅读来自老板的电子邮件和查看道琼斯指数的收盘价时。这是被称为虚拟场景的维度。我们同时生活在物理场景和自己的思想中。我们在这些不同维度之间进出的能力，定义了我们如今生活和工作的环境。这就是为什么你能拥有好产品和好故事，为什么你需要通过对品牌身临其境的体验来创造可以共享的故事。利用故事的力量和体验的必要性让你的品牌变得与众不同。要记住，我们所做的一切都必须考虑物理场景、虚拟场景和一直存在的情感空间——不管它是联机、脱机还是处于工作模式。这些都是过去的理念。

拓宽你的体验场景。我们发现了从未在传统代理场景中使用过的一种能力。我们甚至不知道它的存在。这个隐藏的宝藏是我们在提供技术支持的那段时间里发现的，是从麒灵广告公司创始人的几次投资中演变而来的。杰里和斯图亚特认为，客户会花很多精力来创建根本不会被人们使用或无法产生最大价值的系统。他们深信优秀的设计是一个巨大的商业优势，并让创意总监不断地评估广告，就好像它们是我们呼吸的空气一样。

通常我们都会观察非常有趣的、聪明的或真正利用了情感空间的作品，但这些作品无法有效地解释品牌或产品的作用。我们会注意到非常有趣的或引人注目的作品，但它只是在传达一个线性叙事。即使我们喜欢这些广告的趣味性和令人难忘的地方，也无法回想起相关的品牌，因此如何才能将这些有趣的广告连接到该公司的其他事务上呢？如果我们无法在实体店中提供这种体验，它又有什么意义呢？要缩小你的体验镜头，寻找能与多个维度连接的新的可能性。过去寻找最高曝光度和频率、设置线性广告购买的流程已经无法解决问题了。连接点不只存在于媒体中，还存在于更多的区域；它们无处不在。要记住：这涉及所有的传统和你用行动传播了什么，这决定了别人对你的看法。你的每一次传播都可以被看成是一个连接点！

你觉得公司的员工理解（分享）你的品牌吗？当然如此！既然他们是最频繁的接触者，那为什么不从内部开始呢？你的员工如何看待你呢？你的人事政策如何保持一致呢？离职率是多少？员工是相信并遵守公司宗旨，还是会揭发你的薄弱点？试着从内部行动开始来塑造你想要的外部形象。

进入市场变得更容易。一个事实是，科技解决了要推出一个品牌时会遇到的各种障碍。在过去十年间，企业需要有大量的不动产和实物资产才能让其品牌进入市场，但现在只需要销售顾问。在千禧年之前，有谁在讨论初创公司？从历史上来看，大公司推出的新品牌（即使是有强大的驱动引擎）都很难存活下来。如果小公司能突破地域限制，反而会取得成功。他们用于生产、存仓、广告和运送给外地客户的费用非常高。被称为“规模效益”（小公司拥有生产足够多产品来与大公司竞争的能力）的障碍已经不再是威胁，因为他们有更多的资金来源和帮助他们承担负荷的合作伙伴。科技缩减了上百万美元的开销，为各类企业都节省了不少费用。腾出的资源和进入市场速度的加快帮助了所有人。

企业家的道路曾经是孤独的，但这种情况已经不存在了。现在的企业家之间有更紧密的关系，他们会分享计划和成功、失败的经验。创办交流活动已经变得非常珍贵，能让你与尚处于概念阶段的新业务直接对话。甚至有一些传播团队专注于从别人所犯的错误中学习，或者重新讨论原来没有成功的、可靠的创业理念。很多在本地或全球各地会面的交流团队都沉浸在一个非常重要的全新主题中——透明度。透明度正在变成一个让所有人感到舒服的主题。人们似乎开始将注意力放在了帮助你的兄弟姐妹上，这样就能实现“人人都是赢家”。

分析一下“community”这个单词——comm（共同的和/或交流）+unity。这并不是巧合。网络正在将有共同目标的企业家联合在一起，并让他们就这些目标进行交流。让人们用内置摄像头进行面对面交流的平台很容易做到这一点，且在很多情况下都无需付出任何成本。也许我们会在科技产业中认识到这一点，因为有太多的企业家都习惯于依赖别人的想法。也许来自印度的团队能巧妙利用“联合力量”产生的涟漪效应，因为这个国家已经将瑜伽（表示联盟）传播到了世界各地。当我们继续调整营销，甚至是管理企业的方式时，我们可以试着关注一下这些涟漪效应。

当我们将《华尔街日报》藏入回收站后，就应该参观当地的新世纪书店（New Age），在这里我们可以学到有意义的一课：一致性、合作和社区的力量。细读一下德国作家艾克哈特·托尔（Eckhart Tolle）写的《新世界：灵性的觉醒》（*A New Earth*）。毕竟，奥普拉不只是邀请他作节目嘉宾，而是要制作一套完整的系列网络研讨会（通过追加的工作手册、补充练习、资源和灵性觉醒的技巧，帮助读者理解合作和一致性的寓意），使得更多人的相信其寓意。题为“奥普拉和艾克哈特的新世界”的网络研讨会最初是奥普拉读书俱乐部的一部分，他们为每一章都提供了一节课。这个网络研讨会的网址是 http://www.oprah.com/oprahsbookclub/A-New-Earth-Are-You-Ready-to-be-Awakened。更高的透明度和真诚合作可以帮助我们更轻松地进入市场。

另一方面，我们面临的挑战是，进入的低门槛加剧了竞争。这无所谓好坏，它只是改变了你看待（管理）市场的方式。日益激烈的竞争要求我们调整自己的故事——让消息变得清晰和有效，以便让人们参与其中。

体验的标准也在不断升高，消费者想要的感觉是：好像他们参与到了你的故事中。他们需要更多地体验品牌，甚至是创造这些品牌的企业。品牌垄断就是我们的目标，全面出击和大力推动的旧方法对垄断不起作用。全面推动时期被吸引的消费者在接下来的几年里可能不会再使用该产品。相反，要成为明智且能进行妥善安排的“运动员”（接受过策略、专注力和奉献精神方面的训练），他明白慢慢刺激才能出现最佳的整体效果。关注短期、快速销售目标的捐赠基金项目确实不会注意能满足消费者的慢速刺激——他们正享受着持续的参与和使用以及良好口碑的巨大效应。我们也许应该推荐并植入一个故事来提供帮助？重读龟兔赛跑的故事，要记住“稳打稳扎是制胜的诀窍”。

这是你得到的某种细分化。所有人都认为媒体细分化给传播空间带来了挑战，但他们都错了。我们的观点是：它实际上是体验碎片化。事实上，营销已经不再是线性的了，且完全不可预测。20 世纪 80 年代初有一种脚本，且它发生了一些演变，不过只是微小的变化。以黄金时段的电视为例。我们可以依赖的是观众是习惯的奴隶。在尼尔森的帮助下，我们可以预测：在大多数夜晚，一个家庭的大部分成员都会坐在电视机前的沙发上一边吃晚饭，一边观看他们喜欢的连续剧。同样，在无线电的世界里，我们依赖于在听众上下班期间播放广告。当时，观众可以在特定日期的特定时间里进行线性体验。这就是我们设计大多数传播战略和媒体购买的方式。实际上，你可以选择一种最适合观众或产品的手段，并在一个合适的时间段使用它；一切事物的创建都会经历开始、中间和结束阶段（一定会完美结束）。

人们的时间是有限的。人只有那么多的休闲时间，如果他们花在互联网上的时间增加，那他们看电视、看报纸和听广播的时间就会减少。实际上，人们看电视的时间并没有任何改变。但花在互联网或移动设备上的时间已经发生了巨大的变化。报纸（厄运临头，不只是因为读者人数下降，还有收入来源的原因）几乎在一夜之间消失。为什么呢？因为报纸最大的收入来源是分类广告，而 eBay 和 Craigslist 等在线网站的存在让其分类广告栏变得无关紧要。它与消费没有太大的关系；而读者人数是本来就存在的问题。真正受到重创的是没有精心策划的刊物，因为我们现在都开始自己进行策划了。消费者“跳来跳去”，并得到我们想要的一切。因此你不能再创造线性故事，你需要的是非线性故事体系。

人们正在行走，并通过过滤器呼吸。当你开始观察整个世界时，你会发现：有趣的是我们正在消耗更多的东西。除了印刷外，没有一个媒体能够真正抢夺另一个媒体的份额。我们莫名其妙地发现拥有了更多的时间，虽然很奇怪，但却是千真万确的，其原因在于我们形成的多任务处理习惯。每个人都是一边吃饭，一边工作。人们在看电视的同时，会在网上冲浪、购物，或者在笔记本电脑、平板电脑或智能手机上进行状态更新。现在的情况是：我们拥有全部这些连接体验，且我们一直在这些连接上进进出出。有人知道如何让它们变得有意义或连接它们吗？我们需要更加了解跨媒体叙事或非线性叙事的世界，其中的每次互动都扮演着整个故事中的一个角色。你可以随意称呼它；对我们来说它就是故事体系。

更常见的一个问题是："你如何突破混乱的局面？"在大多数情况下，常见的答案都是需要一个更好的故事和更有战略地选择媒体，当然你还需要取长补短。并非所有人都同意这些概念。很多成功的全球公司都不赞同它。他们认为混乱并不存在，而作为消费者的我们也没有不堪重负。这些公司认为实际上我们控制着自己的行为，只是我们没有注意而已。这将我们连接回"蜘蛛感官"。如今的我们是能够进行过滤的先进机器。我们只关注自己关心的信息。这个理念并不是说要从混乱中找到你的信息，而是说明了让消费者接纳你和让他们开始专注的重要性。这要追溯到以目标为导向的理念，而不只是像薇薇安·韦斯伍德女爵士（Dame Vivienne Westwood）所说的那样"生产并销售另一款蓝色玩具熊"。消费者会问自己"我为什么要让你成为我生活的一部分"这个问题来对你进行过滤。这是所有消费者都在问的问题。你越尝试大声（大声讲故事）突破混乱的局面，他们就越可能不去理会你，因为你正是另一个非常让人讨厌的"氮氧化物"。它是自相矛盾的。没有人真的想看广告，但有一些广告是我们所寻求并推荐给其他人的，我们会问："你看过这个吗？"

作为内容创建者的品牌。如今的消费者既是大量内容的传播者，同时又在吸收并渴望着更多新的内容。这将品牌放在了独特的地位上，成为编辑内容的永久提供者。由于必不可少的 Twitter 账号、Pinterest 面板、Facebook 页面和 Instagram 订阅，品牌有了新的责任：创建能让关注者参与的编辑内容。过去，品牌的精髓是通过设计和产品供应定义的；而现在它还包含策划和创建内容的能力——几乎每天都要发送内容。

结合两者的力量。在第 2 章中，我们通过重温你的初吻来强调体验的力量。我们还介绍了基于体验差异化的重要性，以帮助你提升你的品牌。这两者都是优秀的工具，它们都有保质期。故事场景摩天楼的搭建就是使用这两种工具，并将它们的力量结合起来。差异化的产品或服务供应通常都很容易被复制。如果你的百货公司可以提供代客停车服务，两周内其他百货公司也会提供代客停车服务。你"先做到的"这个事实和差异化体验会给你带来一些优势，但这种优势是短暂的。相反，要创造机会来谈谈你的品牌。这才是更为可持续的，因为你可以用其他支持你的理念和宗旨的行为来强化它。如果你只是跟在别人身后亦步亦趋，最终会功亏一篑。

现在的品牌比以往任何时候都多。带领消费者接触这些品牌的"高速车道"将继续复杂化、相互连贯并重新创建出大量的通道。有大量的搜索引擎可供选择——某个十分强大而受欢迎的品牌成为了类动词，现在已经被收入了字典中；它仍在指导着全世界的人们来寻求自己想要的答案和引导其他品牌：谷歌的搜索能力是一种完全不同的营销类别。凭借其催生的数字辅助设备，互联网成了全世界最大的艺术展览馆。这个展览馆充满了故事讲述需要的不断变化的画布。它和纽约时代广场一样混乱，我们面临的挑战仍然是要有能力显示吸引人的内容。

解决方案是提供一种更具战略性的故事应用程序，将它作为理解其复杂性的手段。要记住这个理念：故事能帮助我们理解周围的世界。在这个日益复杂的世界里，我们可以使用更好的故事。将颠覆作为战术的时代已经一去不复返了。并非所有渠道都能提供我们期望的参与度。试着放弃“点击两次，它们就会出局”的观念，而要采用将某些渠道指定为指示牌或环岛的观念；它们能有效地将消费者转移到最吸引人的内容和交易引擎上。面对现实吧，这已经不再是一个线性过程，我们不知道他们何时会到达这个艺术展览馆，也不知道哪个画布会捕捉到他们。因此，你的所有接触点都必须服务于故事体系的某一个目标。

是科技驱动故事，还是故事驱动科技。在商业历史上，有时新科技好像是大多数转型场景的驱动力。当你问自己“故事驱动技术，还是技术驱动故事”这个关键问题时，会想到什么？虽然它比“先有鸡还是先有蛋”这个古老的问题更容易证明，但这个看似简单的问题是制定商业战略时需要思考的一个重要问题。以詹姆斯·卡梅隆为例，他在拍摄《阿凡达》的 15 年之前就写好了剧本。剧本一直被锁在抽屉里，因为他觉得当时的科技无法以让人信服的方式来讲述这个故事。在这个案例中，他等待着可以实现的技术；而在其他案例中，他推出并发明了能获得完美效果的科技和工具。在这种情况下，他对故事的愿景驱动了科技。摆动摄像机就是这种科学技术。他用于记录面部表情的头部装置也是其中的一种解决方案。而在很多案例中，他发现科技可以激励新的故事愿景，例如描绘《深渊》里的液态怪物。

要把问题讲清楚，我们需要深入研究卡梅隆的作品，让我们来谈谈电影！还记得吗？当时的人们将下面的几部影片奉为神剧：《终结者》《异形》《泰坦尼克号》，当然还有《阿凡达》。詹姆斯·卡梅隆是这些大片的导演，可以说他具有独树一帜的风格（来自他的科幻技术发生器的风格）。卡梅隆首先是一位故事讲述者，但他同时还是一位系统思想家、有创造力的技术专家和发明家。这些相关联的能力让他为我们呈现出了惊人的视觉效果，进而让他享誉全球；而这一切都是通过先进的科技手段实现的，这些科学技术之前都没有被概念化，更不用说实现了。

为了让观众有参与感，他花了很多想象力和努力（使用逼真的视觉效果），重新创建和讲述了 1912 年泰坦尼克号沉没的故事。卡梅隆在墨西哥创建了一个特殊的工作室，里面有 6.44 万立方米的水箱和 236 米长的"泰坦尼克号"复制品。为了真实地讲述这个故事，卡梅隆潜入距离北大西洋海面 4 000 多米深的海底来查看泰坦尼克号的沉船遗骸，而不只是看一眼来激发灵感。在 1997 年拍摄《泰坦尼克号》电影时，他曾让潜艇 12 次潜入沉船位置。多年后，卡梅隆卷土重来。他总共让潜艇 33 次潜入沉船位置，比船长史密斯驾驶这艘船的时间还要多。当卡梅隆在 2001 年准备探索泰坦尼克号沉船时，他开发出了革命性的光纤无人遥控潜水器（Remotely Operated Vehicles，ROV）——操作人员可以待在安全的环境中，操纵 ROV 让其在危险的水下环境中工作。卡梅隆团队对泰坦尼克号内部的历史探索是他的 3D IMAX 电影《深渊幽灵》的主题。这就是故事驱动科技的示例。这些捕捉真实镜头、将泰坦尼克号呈现在我们面前的机器人是由故事驱动的。

到了 2009 年，《阿凡达》给观众带来了一个更加史无前例的科技盛宴，被称为表演捕捉技术（performance capture）。卡梅隆知道，即使是科幻小说（虽然基于幻想）也必须建立在现实的基础上。在整个电影制作过程中都要遵循这个前提，创造《阿凡达》的双手和头脑。生物设计团队搜罗了有关动物生物学、动物解剖学，甚至是能提供一切美感的关于纹理的书籍（从乌龟背到犀鸟鸟喙和鸟啄之间的部分，再到毒箭蛙的触感）。该团队利用大自然的智慧和想象力来推动他们的作品，这就是为什么我们会觉得电影里的动物如此真实。卡梅隆知道，观众不必相信它是完全真实的照片或者这些生物真的存在。他只需要证明它们是有感情的生物即可。感情（故事中连接观众的元素）仍然需要适应并必须借助给定的技术显示。通过表演捕捉技术实现的这些想象出来的、但有非常现实的和有感情的生物是受故事驱动的。两部影片、两个不同的故事、两种独特的方式，它们使用的是两种不同的特效，其中科学技术对于影片的故事和核心来说是次要的。虽然我们介绍的是他全部的产业转型电影（创造出视觉奇迹的最新计算机生成软件，奥斯卡金像奖和金球奖的青睐，影片的重播），但卡梅隆依靠的是故事本身。

故事场景摩天楼不只是一种理念，它更是可以应用到商业中的一种途径和方法。我们进一步将故事场景摩天楼定义为一种情感和交易体验的场景，其中每个连接都能激发另一个连接的参与，因此使得该品牌成为消费者故事的一部分。当你使用故事场景摩天楼模式时，它会以某种方式让你进一步提升你的工艺，从而使它更轻易地连接到与消费者有关的物理、虚拟和情感体验的场景。我们会帮助你超越广告制作，开始创造世界，只有这样才能通过分享体验，将你的故事变成他们的故事。

精彩案例研究

维尔度假村：EpicMix 照片

每座山都有属于自己的故事。从 20 世纪 60 年代起，度假者就开始在维尔度假村的标志性山脉上滑雪。人们从未停止过对这些雄伟斜坡的探索和分享体验。从传统意义上来说，他们战胜自然的个人旅程就只是个人的，通常只会留下一段记忆或一张照片。

鉴于科技已经快速成为每个人日常旅行的一部分，维尔度假村就在 2010 年发布了名为 EpicMix 的互动体验。只要你是五座山其中一座山的旅客，你的滑雪缆车通行证上就会嵌有一个 RFID 芯片，它会自动捕捉旅客在山上的体验，允许他们跟踪下滑的距离、获取徽章、查看滑雪路线图并获取雪况报告。它还提供了在 Facebook 和 Twitter、免费的安卓和 iPhone 应用程序上分享故事的能力。

自然和科技结合。维尔度假村的旅客现在可以用手机和社交媒体进行连接。他们可以用社交媒体进行连接、拍摄、登记并分享他们的见解。因此，我们帮助维尔度假村创建了一个从山坡上开始的世界，这个世界依靠智能手机进行传播，并在假期结束后还能继续存在。

我们知道，EpicMix 可以对其最有价值的顾客产生更大的吸引力。我们知道机会存在于将传统的社交渠道体验转化为参与的世界。为了创建这个世界，我们帮助维尔度假村围绕着一个组织理念（“释放”山脉）进行组织，为顾客创建一个假期故事和山地冒险的系统。

“释放”山脉。EpicMix 照片的拟真世界提供了很多连接点和与旅客交流的方法。如果每座山都有一个故事的话，那么每个故事都有很多图片。专业摄影师会有策略性地驻扎在度假村来捕捉一切：从全家福到滑雪的空中技巧。这些图片会通过嵌在滑雪缆车通行证芯片上的芯片自动上传到顾客账号上。顾客可以免费分享这些高质量的图片，而且这么做已经变得非常流行。他们还可以订购高分辨率打印图片来作为附加选项。EpicMix 的数字徽章鼓励对这些山脉进行探险的人们分享他们的探险经历。

“拼贴画”（Collage）功能就像是一个剪贴簿。滑雪者和乘客可以分享他们取得的徽章和个人信息。滑雪者可以通过自动上传到他们账号中的数据来计算出他们滑行的距离并记录他们表现最好的一天。它还提供了一个竞赛模块（EpicMix 竞赛），让旅客可以与好友、家人，甚至是林赛·沃恩①（Lindsey Vonn）进行比赛。旅客可以查看自己的比赛时间、赢得奖牌和分享获得的成绩，并可获得林赛·沃恩传授的滑雪技巧。它充当着一个动态的、蒙德里安式的网格，鼓励滑雪者和乘客在离开度假村后还留在他们的滑雪世界里；而且它永远存在。一个家庭可以永久保留这段滑雪度假的回忆。

大量的体验。所有的一切都被封装在一个美丽的设计中，这是一个高度集成的移动—网络—社交系统，即使戴着手套也可以对其进行操作的全新用户界面。

大多数娱乐公司都很感激已经离开的顾客发来的电子邮件。维尔度假村可以很自豪地说，超过 500 000 个会员都来自故事场景摩天楼的创建。这种参与度远远取代了对传统度假品牌的期望。然而，最惊人的数字也许是 EpicMix 故事体系产生的 1.8 亿个社交印象：

感谢 EpicMix 的摄影师。你真是太棒了！你都不知道，你的专业知识对我们家产生了多大的影响。今天我们实现了 3 年零 8 个月的梦想。你帮我们拍摄的圣诞节贺卡照片棒极了。谢谢你！

维尔 EpicMix 旅客

---

① 4 次世界杯总冠军和奥运会金牌得主。——作者注

EpicMix 大规模地扩展了摄像，它不仅是公司的重大进展，对滑雪爱好者或运动员来说也是重要的进一步……照片是非常大的改变，维尔度假村已经远远领先于迪士尼乐园和其他所有进行专业摄影的度假胜地了。

《连线》杂志

你已经在自己的生活中目睹和亲身经历、且已经充分认识到数字技术的强大力量。只要增加一些利用和深化沉浸式体验的高科技力量，人们就会拥护你的品牌。让他们参与到你的故事中，与此同时，他们会创建自己的故事并分享它。现在就开始把你的眼光放在创建品牌的世界上。将这个世界想象成体验空间，在这里你可以以合适的理由、用正确的方法、在正确的时间来连接合适的人。在你的世界中，想象人们可以身临其境地体验品牌的连接点。假设这些连接点是以某种战略性的方式设计的：在人们进入你的世界并成为品牌的一部分后，他们就可以创造自己的故事。

总之，一个品牌必须具有有意义的故事。“有意义的”含义是，故事必须建立在真正的目标和能与消费者分享的价值上。要想让故事变得有意义，品牌不仅要有真实的声音，还要有真实的表现。要成为消费者世界和个人故事的一部分，品牌需要通过有效的互动来为他们创造难忘的体验。要做到这一点，你就必须深入消费者的世界，找到成为其自身一部分的方法，避免受到竞争对手的关注，并学习通过体验（而不只是文字和图片）来讲述故事。你可能非常想知道我们要如何做到这一点。故事场景摩天楼就是其秘诀，本书的下一部分会专门介绍这部分内容。

第二部分

创建身临其境的体验场景

STORYSCAPING

STOP CREATING ADS,
START CREATING WORLDS

04

开启故事场景摩天楼模式：破译创造世界的代码

STORYSCAPING

STOP CREATING ADS,
START CREATING WORLDS

卷起袖子，我们将要研究分析故事场景摩天楼的一些重要情况。在第二部分，我们将介绍和说明如何有效结合故事场景摩天楼的结构、逻辑、条件、元素、支柱和思维。我们将从说明如何整理故事场景摩天楼方法的这个模式开始。它给接下来的章节设置了框架，每一章都详细说明了该模型的各个部分。理想情况下，你就能充分了解如何开始从不同的角度思考品牌，以及如何更加有效地推广你的业务，而且你能轻松获得可行的想法并立即着手开始实现更大的商业成功。这些原则既适用于只有 10 个人的初创公司，也适用于有 10 000 人的跨国公司。它对新旧品牌同样适用。

真正成功的基础。成功是从设置目标开始的。否则，你如何确定你的水平或成功？故事场景摩天楼是基于我们尝试有效地连接企业（品牌）和人（消费者）的原则。它是通过共同价值和共同体验创建的体验场景来实现的，而这些共同价值和共同体验又是通过创建可分享的故事来实现的。因此，界定和理解你将要涉猎领域的情况才是关键所在。这个基础包含两部分：第一，我们要确定你的预期消费者。你想和谁打交道？你想要吸引谁？故事场景摩天楼是与现有的和同等重要的新消费者之间建立联系；第二，我们在寻求和定义“消费者对于品牌”的商业或 / 市场营销挑战。这能引导你设定你所需要的目标、你要实现的成就和你想要达到的成功。它应该既能激励你的业务，又对你的业务有意义。

把他们称为消费者、旅客、顾客或客户都无关紧要，重要的是你能非常明确地规定他们是谁。要不惜一切代价避免把他们看成是观众或用户；如果你这样做，就意味着他们是被动的故事观察者或用户，而不是主要的参与者。我们正在创造超越故事、改变行为的身临其境的体验；因此，“以观众为目标”一开始就是错误的前提。消费者创造了这么多的内容、具有如此强大的影响力和控制着体验场景互动这个事实，使我们不能再错误地将他们简单地称为观众 / 用户。不管你用的是哪种称号（消费者、旅客等），都要记住他们是人——人类。他们是通过产品或服务的获取和服务来定义、创建和创造故事的人。理想情况下，他们是 / 会成为以有意义且引人入胜的方式与公司互动和交易的人，因此你的品牌才可以成为每个人故事的一部分。

当你定义目标品牌故事参与者（即消费者）时，要让它具有意义，并与你面临的挑战保持相关性。要避免与专业研究或趋势书籍相关的多余的分类称谓。消费者分析和研究是有价值且值得鼓励的，但要注意所用的语言和称谓，以方便大家理解谁是消费者以及他们是什么样子的。故事场景摩天楼的搭建是一项团队运动，因此让所有人对消费者有同样的认识是非常重要的。任何妨碍目标的事或人都会产生不利影响。让故事场景摩天楼的搭建与你所有的同事都息息相关。你想让整个公司和相关企业（合作伙伴和供应商）的所有人都拥有并分享品牌的故事创造和体验；因此，让它变得容易理解和紧密相关就非常重要。

假设你已经确定公司需要搭建故事场景摩天楼，那么理解它所基于的视角、适用的条件和定义以及发展模式的基础就变得至关重要了。

有效的体验空间。技术对消费者 — 品牌关系产生的最大影响就是参与和连接机会的增加与融合。我们不能只从媒体渠道和分销渠道的角度来考虑它。

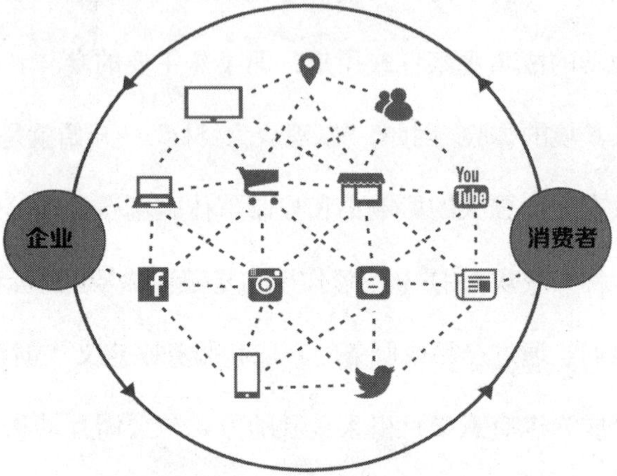

潜在的体验场景（消费者和品牌可以进行有目的的连接的地方和空间）已经被科技手段最大化地延伸和扩展了，技术手段所允许的行为也一样。体验场景包含内容生成和共享、移动商务、应用程序、说明品牌功效的体验（某种用途或功能——一种工具或服务）、有利于消费者的体验、媒体系统、社交平台或物理空间。将体验场景看成是可以更好地理解品牌和服务消费者需求的背景，因此要让品牌在消费者的生活中起到有用和有意义的作用。这样做既能提供情感价值，又能提供体验价值。将它想象成这样的场景：可以在其中创建一个身临其境的体验世界。

我们首先要做的就是制定出潜在的体验场景。这有助于你理解品牌和预期消费者之间连接的机会和完整的上下文。我们将在接下来的章节中 探讨如何更深入地理解体验场景。

一种清晰的视角。现在我们要评估体验场景，并研究品牌和消费者如何在其中进行连接。当我们以结构化和逻辑化的方式来研究连接的基础时，就要先抛开体验场景的复杂性。我们已经分享了一些关于体验和故事的示例，现在就来看看如何在体验场景中创建它。

要与消费者连接，企业要做的第一件事就是不要再把自己当成公司，而是将自己看作一个品牌。用最简单（我们的意思是简单）的术语来说，它是通过拟人化的格式来完成的。为什么要拟人化呢？当创建一个非常实用的机构（公司）并将它与并不总是那么理性的消费者连接时，拟人化就能够让公司更加具有人情味，甚至被消费者喜欢。

一旦拟人化被制作成一个品牌，该品牌就会被应用到该公司所提供或创造的产品或服务上。这些产品和服务都会服务于功能需求。它们以某种方式、形状或形式来提供某种用途。

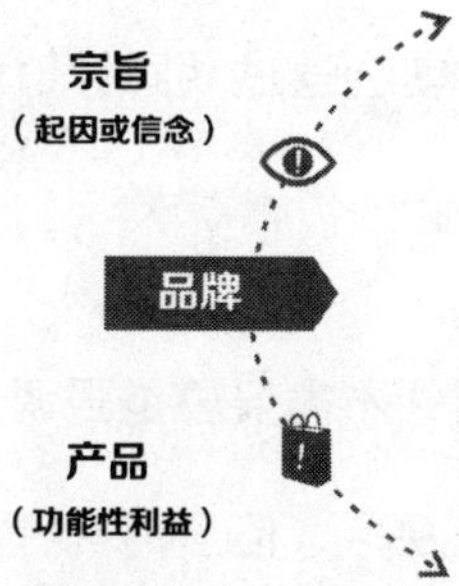

通常情况下，我们会试着找到产品或服务的差异化——独特的消费主张（unique selling proposition,USP）是我们在《市场营销 101》（*Marking 101*）中学到的。

如今，聪明的企业已经发现并开始基于品牌理念、品牌目标或信念来运营。

现在转向了考虑消费者的体验场景。消费者拥有功能性和理性的需求，如拥有干净的衣服。这些功能性需求一直存在，并驱动着消费者行为。

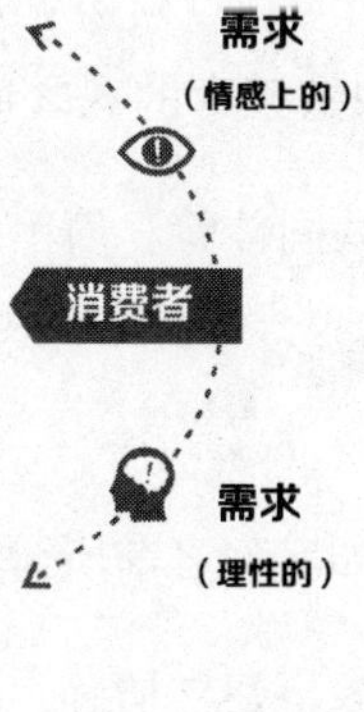

消费者还拥有感情和情感需求或欲望，如想要被看成是一个好妈妈。对这些需求的满足会让消费者感觉良好。在现实中，这些需求之间存在着千丝万缕的联系。然而，为了探索消费者的需求和如何定义他们的故事（通过他们在生活中使用某些物品的方式和原因），我们要从情感和行为角度来研究消费者。

这非常简单，而且了解这些共享的连接是夯实故事场景摩天楼基础的关键。

当品牌按照其宗旨思考、行事和共享时，它就会通过共同价值观的建立来连接消费者的情感需求。

公司并不需要总是强调“我们拥有这些价值观”，但当消费者与企业享有共同的理念和价值观时（兑现其宗旨时所呈现的），它就会出现。还记得汤姆布鞋的例子吗？这就是观点和行为发生改变时，所产生影响的差异性的良好示例。

跨越另一个维度，从最基本的层面来看，功能性需求是通过消费者定义个人故事的手段——产品和服务来解决的。实用物品/形式和做某事的人之间的连接会创造出一种共同体验。简单而言，就是行为会产生体验。

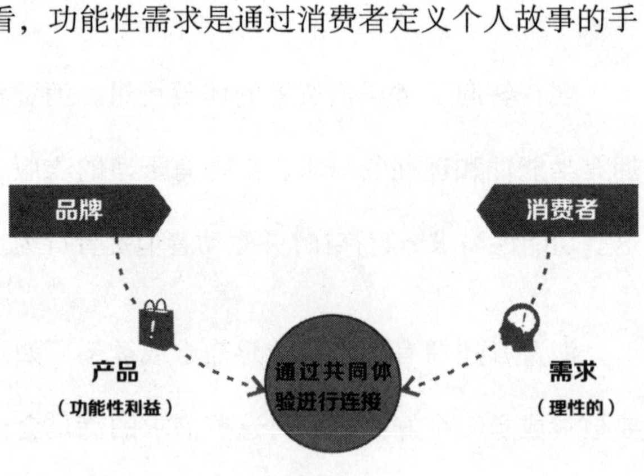

正如我们之前所讨论的，有些品牌善于用故事建立情感上的连接；而有些

品牌会提供优秀的产品，并创建能提供良好体验的场景和事物。我们的目标是创造一个能提供这两者的世界，其中共享的故事会作为故事场景而存在。从这种认识出发，就能得到很多实现故事场景啊的方法，并能让我们的团队在每个维度上都有效地推动增值。

好产品值得改进。这种逻辑和理论并不一定是全新的。我们对其中有意义的内容进行了进化，让它更符合当今世界的情况。我们将它编写成了一种运营模式，让它更容易被大家所获取。作为这种模式的一部分，我们要引进两种全新的关键应用：组织理念和适用于故事和科学技术的系统思维。

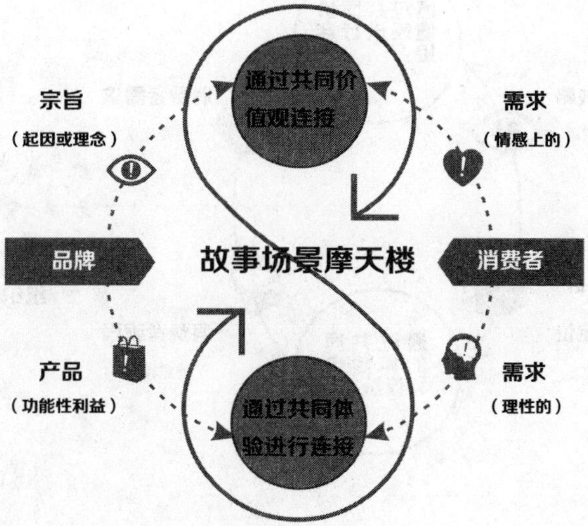

故事场景摩天楼模式基于我们刚刚介绍的概念：连接的角度和对体验场景的理解。现在你已经对我们的“旅程”有了基本的了解，接下来我们就要详细介绍在本章提到的所有战略支柱和元素。在接下来的 4 章中，我们将结合示例、技巧和方法来解释说明组织理念的四大支柱。然后，我们会深入探讨组织理念并提供关于寻找什么和避免什么的技巧。这样就能用组织理念的良好基础来稳固你的故事场景摩天楼。

然后，当我们探讨如何用组织理念和系统思维来创造合适的故事、体验场景、连接和技术支持时，故事场景摩天楼模式中的“新应用”部分就会开始起作用。这就是发挥故事场景摩天楼力量的地方——基于理解基础上建立的组织理念中，其中也形成了故事体系，并最终创建出身临其境的体验世界（你自己的故事场景摩天楼）。

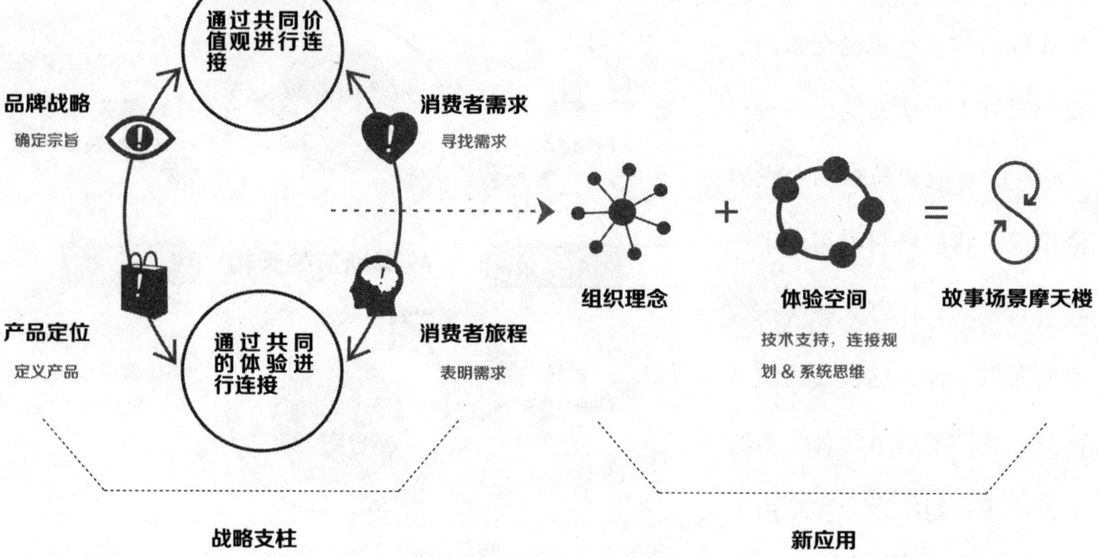

虽然该模式不是线性的，但你只要拥有一个明智的组织理念并把它应用到体验场景中，你就可以随时随地开始。同样，无论何时你都可能需要重建或创建故事体系（例如一个新网站）的一个方面。该模式和原则仍然有效，因为该模式的应用确保了你创造的内容可以成为较大系统的一部分，并通过现有的组织理念进行连接。

05

为什么的力量：为提升品牌价值而实现企业宗旨

STORYSCAPING

STOP CREATING ADS,
START CREATING WORLDS

在 2000 年— 2010 年，50 个增长最快（与消费者的关系和经济价值）的品牌之间的共同点是什么？ 2012 年 1 月 18 日，卡尔莲 · 罗卡维茨（Karlene Lukovitz）在《媒体邮报》（*Media Post*）的一篇文章中提出了这个问题，这篇文章还引用了米尔沃德 · 布朗（Millward Brown）和吉姆 · 斯登格（Jim Stengel）的研究。答案是什么呢？“任何大小和类型的品牌都建立在用某种方式改善生活的理想上。”这个理想就是所谓的品牌宗旨。它就是企业赞同、相信和举例说明的目标或理念。这是企业应该思考、遵循和共享的宗旨。这个宗旨就是整个企业的基石，它能回答“为什么”这个问题。你为什么要做这件事？为什么的背后存在着这样的品牌力量——品牌的目标不应该只是盈利。要记住，人们的蜘蛛感官会自动识别危险信号。从根本上来说，我们要着重强调为什么的力量并正确看待自己和公司。我们认为，所有的一切（即使是未曾看到的）都会产生涟漪效应。

最成功、最经久不衰的企业会通过它们采取的每个行动来传达一个简单明了的故事，而不只是通过市场营销。这些公司认为有些东西要比赚钱更重要，他们进而秉持这种理念行事。这些公司知道它们的立场；他们所做的一切都得益于他们的宗旨，他们所说的一切也都遵循它。广告界的领军人物丹 · 维登（Dan Wieden）最近所做的总结也支持这个观念：“能获得成功的品牌是那些可以用简单的故事讲述他们是谁、他们来自哪里、他们与谁合作和他们打算做什么的品牌。”最优秀的企业会通过制作的产品、创造的体验以及提供的服务，甚至是对待员工的方式和影响的社区来讲述故事，而不仅仅是通过传播的方式。

创建支柱力量。在故事场景摩天楼中，企业宗旨是四大支柱中的关键。我们将每个支柱都看成是服务于消费者连接的关键特性的支撑结构，而宗旨是通过品牌战略建立的；该战略也来自消费者洞察。因此，它不应该被单独定义。品牌宗旨也可以作为组织理念的指导原则。组织理念是让故事场景摩天楼变得强大的关键所在。它连接着故事体系，实现了品牌获得成功需要的参与和体验世界；我们会在下面的几章探讨这些内容。

有很多书都讲述了品牌宗旨的故事，例如，乔伊·雷蒙（Joey Reiman）的《目标的故事》（*The Story of Purpose*）或西蒙·斯涅克（Simon Sinek）的《从“为什么”开始》（*Start with Why*）以及受他们所启发的很多思想。我们的目标是发展故事场景摩天楼中的应用思维。当我们研究品牌战略的作用来确定品牌宗旨、宗旨的特点和它如何关联到故事场景摩天楼时，我们会探讨其价值和它对上下文如此重要的原因。

我们认为，以宗旨为导向的企业和品牌更能鼓励员工、股东和消费者。真正的宗旨来源于内心。因此，我们的做法通常是发现，而非发明。你的宗旨、目标或理念陈述需要成为行动的驱动力。它应该为企业所做的一切和品牌所代表的一切创造相关性和意义。这不是件容易的事。你的宗旨看起来 / 听起来像什么？你是已经拥有了一个宗旨，还是需要定义一个？你的宗旨是否获得了普遍的赞赏？它是否被清楚地描述和有效地应用了？现在，让我们来看看使宗旨变得如此重要的特征。

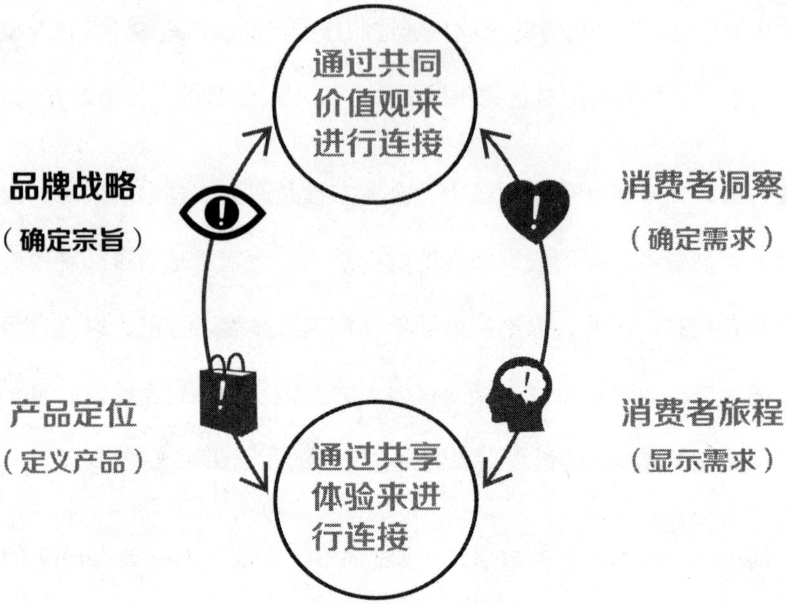

什么不是宗旨。品牌战略和公司愿景是完全不同的。虽然愿景对设置目标很有用，但它具有一定的局限性；你只能看到不远的未来。愿景是定义企业要成为什么样子。同时，你的愿景应该随着企业的成功、失败和环境影响等而发生改变。它应该作为向导，而宗旨应该更加永恒、更加优美（以一种好的方式）；宗旨不是目标。目标是你想要实现的东西。目标会随着时间而发生变化；品牌宗旨并不是战略，战略是你如何实现自己的愿景和目标。如今的战略需要提供更多、更灵活的途径。宗旨与所有典型的商业元素和品牌规划都不相同。

什么是宗旨。宗旨是有情感的。它应该对企业内部的人员有情感，还应该包含品牌行为的情感特征。正如前面所提到的《媒体邮报》的那篇文章所说，它是关于“改善生活的理想”——这就是情感。

美国海岸警卫队救生员的宗旨是："让受困者可以活下去。"有人将它称为座右铭，有人将它称为口号，但我们将它称为情感目标。它体现了救生员的精神。这对他们的信念和精神来说至关重要，让他们可以在面对个人生命危险、不幸和痛苦时做好自己的工作。毕竟人们不会因为早上醒来觉得跳入汹涌的水中救人是对的，就会这么去救别人。救生员这么做是因为他们相信一些更崇高的东西；他们有这么做的原因，他们用一种能激励他们采取行动的情感方式来与这个原因形成连接。

对于训练有素的专业救生员来说，这个宗旨非常强大。它不是营销套路、口号或标语。这就是他们的"为什么"——为什么要这么做，而不是他们怎么做或这样做能得到什么样的结果。它甚至不是提供服务。这就是宗旨完全不同于市场表现的原因。它应该是主要的支撑信念，是基础的支柱。

作为一个组织，美国海岸警卫队的口号和定位是："时刻准备着"。这个口号体现了他们的精神（为什么），这种情况下，它还可作为确定服务方式的口号和宣言。如果你需要海岸警卫队帮助，就要知道他们"时刻准备着"为需要的人提供安慰和安全感。你能理解为什么这个口号是有情感的和针对个人的吗？为什么作为定位声明的"时刻准备着"也具有外部消费者关联性？宗旨并非总是可以转化为消费者表述（"让受困者可以活下去"），但有时却可以（作为整体的海岸警卫队的定位口号"时刻准备着"）。现在，静下心来好好想一想。你每天早上为什么要起床去上班？现在排除你刚才想到的所有理性反应，进一步挖掘你的情感连接。你为什么要去上班？希望你拥有一个目标，一个可以激励你并让你和品牌产生连接的目标。

宗旨还应该是非常简单的。沃尔特·迪士尼用简单的声明创建了娱乐帝国："为人们创造快乐。"作为迪士尼团队的一部分，这个宗旨非常鼓舞人心，而且能让人们清楚地了解迪士尼是什么。你可能也意识到了，这个简单的声明是通用的。这没有关系，因为宗旨并不是关于差异化的。你要如何区分它们？为什么你这么做了，而他们没有呢？让你的宗旨变得通用并在企业之间进行共享的能力非常关键。这就是简单性和熟悉度如此关键的原因。真正重要的是对企业、文化精神和相关性的定义，以及它如何激发行动。

当理查德·布兰森爵士（Sir Richard Branson，通常被认为是多个品牌的所有者）创建他的第一家航空公司维珍大西洋航空公司时，他说道："我并不是为了赚钱而创办企业。我之所以这样做，是因为我不满意其他人的方式。"这是一个简单且普遍适用的前提。他想创办航空公司是因为他喜欢飞行。他的精神体现在这个航空公司的各个方面。如果你是地勤人员、机组人员或飞行员，而且你认为自己是创造航空公司的一部分，你就可以想象得到：惊人的精神本身就会产生高于平均水平的结果。每天的体验都会具有相关性。你每天都充满激情，力求让整个航空公司变得更好。你肯定不会在停机场乱扔东西。

明确的宗旨会让每个人以不同的思路去看待品牌。它为品牌的存在创建了超越理性原因的情感联系。宝洁公司的全球市场营销及品牌建设执行官毕瑞哲（Mark Pritchard）说："宗旨的确会让人们用不同的思路看待品牌并会拓宽他们的思维，让品牌融入他们的生活且更具相关性。"宝洁公司的"帮宝适"品牌就是其中一个示例。帮宝适的宗旨是："让宝宝健康快乐地成长。"帮宝适的核心产品（尿布/尿裤）起着简单的功能作用：它们让一切变得不再混乱。它们逆转了重力，并处理好婴儿在没有任何警告或意识的情况下制造的混乱。

它们解决了保持地板干净（当然还有其他东西）这个简单的需求。其他尿布和尿裤也能做到这一点。但帮宝适的做法是不同的，因为这是他们为什么要这么做的信念。帮宝适信奉“宝宝健康快乐地成长”这一理念。作为一个品牌，帮宝适竭尽所能通过产品、内容、体验、设计等来实现其宗旨。帮宝适想着宝宝、妈妈和它自身这么做的所有原因，而不只是着眼于解决简单的问题。

有关宗旨、目标或信仰的声明是回答“你为什么存在”这个问题的内部平台。好的宗旨是能给人们提供某种形式的好处；更棒的是，它能通过品牌叙事和品牌体验激发情感联系。让真实且相关的宗旨作为品牌基础可以创造出与消费者共享的价值观。这会变成激励行动的连接。它之所以能为员工和消费者创造相关性和意义，是因为它以某种方式指导着我们的行为，而不是因为其存在本身。这就是感召（需求和忠诚度）和操纵（理性和实用性的满意度）之间的区别。

开启、发现和定义你的宗旨可以赋予品牌新的力量——将很多故事和体验连接到情感平台的力量。它必须来自该组织内部的精神和文化。你的历史和基础通常是一个良好的起点；不要选定某些缺乏相关性的历史前提。与消费者合作来确定企业宗旨时，我们会通过多种方式（包括故事讲述）使尽可能多的人参与其中。我们还深入研究企业来确定情感资产和其对消费者的相关性。我们希望能够真正了解品牌如何改善人们的生活。不要选择一条很好看、写得很好的方针；而是要争取真实的、能鼓舞人心且有关联的方法。

现在让我们来介绍一个真实的案例。当与一家大型房地产开发公司合作和确定他们的宗旨时，我们进行了一场极为严苛的发现之旅。一部分工作是需要访谈所有的董事会成员、高管和首席执行官——大家都认为他是一位很棒的领导者。他是让宗旨变得可信和有价值的关键人物。他还负责用一种更普遍的方式来整合企业精神和文化——他接受了这个挑战。在对他进行启发性访谈时，我们解释说期待并不是用来让人惊讶的，它是用来让人满意的。当他反应道“确实如此”时，我们知道，它一定会与该组织真正地结合起来。当他在高层会议中提出这个全新的强大宗旨时，获得了大家的一致赞同。让他感到欣慰的是：整个公司所创建的内容完全忠于该组织，并且对于未来具有启发性。从那天起，他们开始根据“拥有更好的生活方式”这个宗旨来进行思考、行动和共享。

把宗旨应用在宗旨上。宗旨的应用是创建有效的故事场景摩天楼的关键。它界定了品牌故事的前提，还定义了品牌的运作方式及其作用。我们将它描述为思考、行动和共享。现在让我们来解释一下。思考关乎从宗旨的角度来处理所有事情的。这也是与它相符的。问问自己，你是与信念保持一致，还是根据目标解决问题。而行动则关乎你实现它的方式、所做的事情以及进行的时间等。它与创造极佳的体验有关。共享包括传播（描述它）、互动（实现）和听取（对话）。按照你的宗旨进行共享还意味着让人们融入你的宗旨。你必须乐意接受批评和认真倾听。这能让人们参与到你的品牌中，而不只是给他们发信息。它应该是关于共享的实现以及内容和精神的共享行为。除了思考、行动和共享外，方法的顺序也非常重要。我们是从西蒙·斯涅克分享的领导力模型中了解这一点的。实际上，我们总说“受到西蒙·斯涅克的启发”，一方面是因为这正是品牌宗旨应该做的，而另一方面是因为他的宗旨就是激励别人。

这是我们使用的模式；它基于西蒙·斯涅克的黄金圈法则。

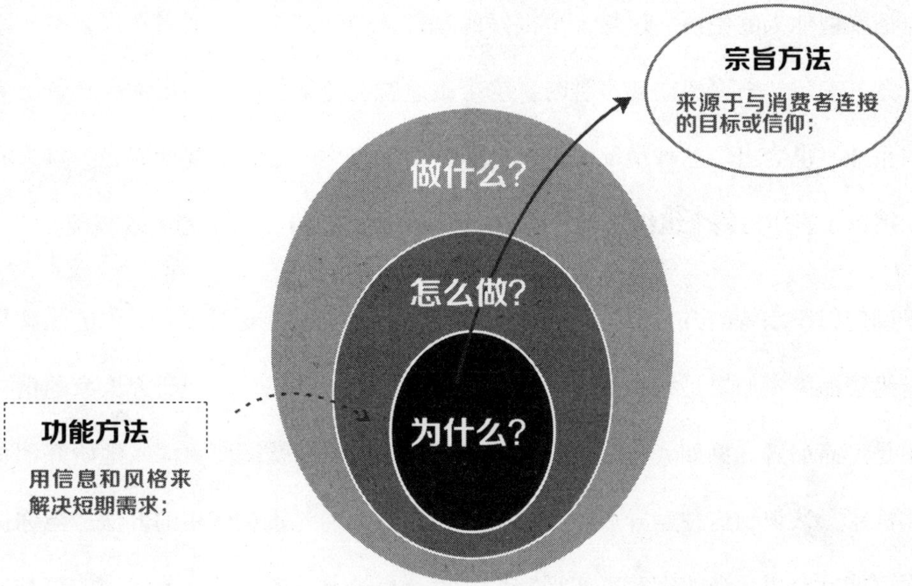

为什么

宗旨、目标或信仰，行为的驱动力。它创造了相关性和意义。与品牌的目标消费者洞察连接。

怎么做

指导原则。实现宗旨所采用具体的行动。进行操作所使用的值。

做什么

证明，理性原因。用实际且理性的方式将宗旨融入生活。

西蒙·斯涅克的黄金圈法则告诉我们，要坚持由内而外地工作——从“为什么”（宗旨）到“怎么做”（方法），再到解决“做什么”（你制作或做的事情）。这就是领导者和好品牌的工作方式。优秀的领导者和优秀的品牌之间有哪些共同点？他们都有明确的、有意义的且相关的宗旨。是的，他们都一直是由内而外（为什么、怎么做、做什么）进行思考、行动和分享的。他们分享的另一个好处来自宗旨所实现的内容——灵感吸引力的一种形式，是通过分享表达和期望的价值观得到的。

发现（而不是发明）之旅。确定你的宗旨时，你会发现它自然延伸于你创建公司原因：做一些事情改善他人的生活。这是一个很好的基础，当你刚刚起步或者正经营着一家小公司时，它尤其有效。当你树立起声誉时，这个旅途就会变得复杂；如果你经营着一家有很多员工的企业，也会出现这种情况。不管是哪种情况，你的宗旨都要明确且鼓舞人心；只有这样，宗旨才能作为整个组织（不管是 10 个人还是 10 000 个人）的有效基础。

用于确定组织宗旨的方式会随着企业类型和品牌性质的改变而改变。你的品牌是产品品牌还是组织品牌？如果是组织品牌，你的发现之旅就应该更深入地研究大家的精神和文化。如果是产品品牌，例如，包装消费品（CPG）品牌，你就需要更深入地研究消费者的相关性和需求。认识到这种差异后，我们就会分享发现的元素和使用的方法。当你探讨宗旨时，你可能就会用适当的细节来实现它们。有一点是普遍的，那就是发现的精神，而不是发明。不要只是进行编造。不管你是深入思考你的宗旨（作为个体经营者），还是花时间和精力深入研究企业和品牌，都要让它们传达你所定义的品牌宗旨内容。

这个方法是：在建立和定义刚才讨论的为什么、怎么做、做什么时，通过洞察力来建立消费者连接和相关性。

我们遵循的过程包含 4 个步骤

投入
- 历史审核
- 社会审计
- 消费者 & 品类研究
- 员工研讨会
- 员工研究

评估
- 领导力访谈
- 研究分析
- 战略精华

起源
- 宗旨研讨会
- 战略创建

表达
- 品牌蓝图
- 品牌战略介绍
- 内部传播方案
- 研究验证

* 建立消费者连接的过程。

第一步，投入。这个阶段要深入研究组织的历史和精神。目标是要了解组织的基础及其体现方式。此外，我们还要通过研究来设法了解消费者，从而确保相关性。在这一步的最后一部分，我们通过与员工的直接互动和研究来了解他们如何证明品牌改善了人们的生活。让他们讲述过去的故事并提供基于假想情境的思想和感觉，是了解品牌存在的原因、运作方式以及它如何关联到消费者的有效方法。

第二步，评估。我们在这里连接和探讨组织领导看待品牌、文化以及品牌和企业未来的方式。这些领导者拥有最强大的影响力，他们可以通过企业行为在人与人之间扩展宗旨。因此，获得第一手资料很关键。我们可以通过调查和战略精华分析获取见解和关键体会。我们在搜寻关于定义品牌时的相关信息。该品牌在人们的生活中起着什么作用？这些年来保持一致的价值观是什么？此外，我们开始从经验中提取消费者的内在需求，这样我们就能建立起相关性的区域平台。在这个过程中，我们寻求着文化底蕴、品牌内涵和消费者洞察的情感关联。分析这些观点时，我们将它们描述为：

- **文化影响力视角**。影响我们看待事物的方式、与他人相关行为的方式，也影响我们希望被别人如何看待；
- **品牌 / 产品互动视角**。我们参与品牌 / 产品的方式、我们所知道和想到的事情、我们的行为方式；
- **消费者洞察视角**。人类行为的启示，或一种可以利用的情感。

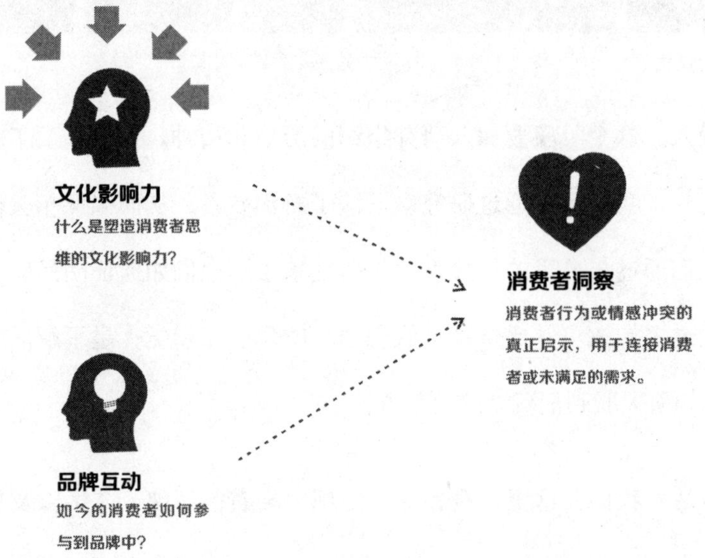

这来源于品牌互动和文化影响力。我们寻求冲突或未满足的需求，它们建立在文化影响力和我们参与品牌的方式之间。

第三步，起源。我们将该内容应用到互动讨论中（与一队混合组织的代表）。我们在这里定义最终的观点，探讨和进一步阐述价值观，检查宗旨的表述。这里进行的讨论和练习都围绕着上一步所获得的内容展开，有时会用到视频故事、引言、图片、研究数据等。我们鼓励你将这些讨论变得真实、富有表现力、有吸引力、诚实而鼓舞人心。要记住，你所期望的结果能够回答前面提到的为什么、怎么做和做什么。

第四步，表达。结果会通过相关的见解得以加强和测试，并以最能鼓舞人心的方式表达出来。传播是由适合于品牌和组织的内容来决定的。战略是清晰的；有了这个梦寐以求的个性化信息后，品牌就有了一个全新的基础，这样它就能与消费者建立情感连接了。

当然，这只是你发现宗旨的开始。你可以选择将这个全新的宗旨作为价值观，也可以添加一些图片和声音；或者可以通过将其应用到思考、行动和分享中，从而将其带入一个更高的层次。当你这么做时，就是共享价值观给人们创建有效情感连接的机会。当消费者相信某个品牌具有与自己相同的价值观时，就会创建共同的价值观。一个品牌应该如何描绘这些价值观？通过基于宗旨的思考、行动和分享——与消费者情感需求相关的宗旨。在故事场景摩天楼中，我们使用消费者的内在需求来提取情感需求，这样品牌就能确定情感相关性，并与消费者建立起真正的连接。

06

说干就干：推动能刺激业务增长的品牌行为

STORYSCAPING

STOP CREATING ADS,
START CREATING WORLDS

在第5章中，我们将品牌宗旨看成是组织的目标或信仰，从而强调了组织为什么存在、人们为什么应该关心这类重要的问题。我们将通过介绍下一个重要的支柱来继续推动成功的故事场景摩天楼过程，它包含“怎么做”和“做什么”两部分。我们会揭示组织中用于满足消费者需求、经营、对待消费者、提供服务或产品的手段。当你直接连接它们时，这些简单的词也会有很大的力量。你的经营方式应该总是以各种方式和形式来支持你的宗旨。你提供的产品或服务应该是宗旨（为什么）和你如何创建并实现宗旨的结果。它也被证明是按照宗旨进行经营的行动和共享行为。还记得吗？要按照宗旨进行“思考、行动和分享”。

行动要比语言更有说服力；因此，我们的行动（我们所做的事情和行为方式）与对品牌认知的贡献是不成比例的。我们的行动要比语言（我们口中的自己）更有价值。实际上，即使没有付费广告的帮助，我们也可以打造出一个非常强大的品牌。虽然我们不建议这么做，但它确实是可以做到的。相反，即使你投入巨大的广告，但如果你的产品非常糟糕、无法提供好的体验或者你的行为不够坦诚，那么你的企业也注定会失败。与品牌、服务或产品的每次互动都是一种体验。你无法区分它们，而且想用体验来考虑品牌定位（它如何实现）。产品或服务是实现这种体验的功能性呈现。体验的类型、它如何满足你的功能需求、它如何与品牌故事产生关联、它如何被完全连接，对创建身临其境的体验场景至关重要。为了让故事场景摩天楼连接体验变得有效，我们必须了解品牌的作用及其定位、功能性产品和服务如何实现体验，以及定位和产品如何与宗旨保持一致。在讨论结束后，我们就会探讨将产品或服务定义为“礼物”的合理方法，这有助于定义故事场景摩天楼的组织理念。

品牌的定位。每个人都有关于不知如何选择的故事。要点一杯咖啡，你需要从它所属的门、纲、目、科、属或种中做出选择。如今的消费者甚至需要在走到柜台前就做出选择：要多大的？要咖啡还是别的热饮？如果是咖啡，要哪种烘焙的？是重度、低酸性、轻度、浓郁，还是中度？要多少甜味剂？要哪种类型的甜味剂？加牛奶，还是其他的？只要一杯咖啡吗？在喝咖啡的时候来块甜点，或者在喝完咖啡后吃块薄荷糖怎么样？

以下是节选自电影《L.A 故事》（*L.A Story*）中的对话：

汤姆：我想要一杯无咖啡因的咖啡。

特鲁迪：我想要一杯无咖啡因的浓咖啡。

莫里斯 · 弗罗斯特：我想要两杯无咖啡因的卡布奇诺。

特德：请给我一个不含咖啡因的咖啡冰淇淋。

哈里斯：我想要一杯不含咖啡因的半咖啡拿铁，还要加点柠檬片。

特鲁迪：我要加点柠檬片。

汤姆：我要加点柠檬片。

莫里斯 · 弗罗斯特：我要加点柠檬片。

辛西娅：我要加点柠檬片。

这部喜剧片是 20 多年前拍摄的，但它非常适合于说明现代很多消费者所处的困境。它反映了 1991 年洛杉矶居民的荒谬生活；但如今这一切已经没有那么夸张了，你可能需要花原来两倍多的时间来进行选择。在选择的世界，尤其是被营销人员用于满足期望和提供个性化产品的需求所放大的选择中，定位品牌的方式（怎么做）成为“导航路标”。这是通过我们连接到标志（用于表示品牌）的故事来实现的。这些故事是被品牌创造的，对消费者来说是全新的；或者说它们是建立在消费者过去体验上的故事，以及与品牌和其产品 / 服务互动。

过去，点咖啡是件非常简单的事情；但现在，这种荒谬的生活已经在消费者旅程中变得司空见惯了。如今的市场充斥着各种选择，实际上品牌面临着更大的挑战，这是因为在当今的模式中，几乎已经没有更多的故事和体验场景了。当然，我们的目标是要避免这种风险：消费者根据品牌及其产生的故事和体验来做出选择。品牌是标志，可以触发品牌故事和消费者对该品牌及其产品的体验。通过加强品牌的定位方式，你可以直接影响品牌讲述的故事和激发的体验。

事实上，消费者非常精明。他们能更多地了解购买的本质——要寻找什么、到哪里进行调查、购买某个产品时要去问谁。结果是什么？构成这些故事的很多内容和信息都以他们的需求为中心的。要记住，消费者才是主人公。这就意味着品牌定位需要直接将产品或服务定义为一个礼物，它能以某种方式帮助主人公。除了功能性方面外，有效地实现这一点还能让品牌或产品在消费者的故事中发挥重要作用，让它成为重要的导航路标。

期望的结果。人们已经不再只狭隘地关注品牌名称了。他们开始更多地关注作为品牌形象的产品和服务的整体体验。对总体满意度的期望已经创造了更加强大的消费者立场。例如，如果莫里认为“金发女郎”理发店给她弄的发型很糟糕，她就会影响她所有的朋友对理发店的看法（通过一些能激起感情的字眼、照片和/或视频）。利用作为电视专家所具有的专业知识，你的邻居莫里会对整个社区产生影响；而她社交媒体圈中的朋友和粉丝会通过简单的点击和转发来宣传她的体验；当你知道这一切时，你的“金发女郎”理发店已经没人光顾了。

有权拥有自己想要内容的观众们不断增长的期望会产生简单的营销指令——为消费者提供他们所期望的内容，让他们自己选择。能够满足具有高期望值的不同观众的能力就是提供选择。这是产生于消费者研究中的营销基础，它告诉我们要创建消费者想要的东西并满足他/她的需求。当我们这么做时，就会产生一系列的营销成果——能够满足特定消费者的需求。而消费者成果就是选择，它能满足消费者的需求。它们能一起合作。我们需要在这样的思维场景中谨慎行事，这样才不会给消费者造成困惑（太多选择），创造出难以让消费者进行导航的定位。实际上，它可以抵消我们通过共享体验和共享价值观建立起的有意义连接的目标。

第二个陷阱是你所提供的远远高于消费者愿意支付的，或者不是消费者觉得有价值的东西——太多权利。这就是故事附加价值如此重要的原因。只要你确定你的品牌发布方式是清晰明了的，就能够保证你相关的系列产品准确无误。你需要有清晰明确的品牌故事，这样它才能成为消费者故事的一部分。当扩展你的业务时，要根据品牌宗旨和品牌故事来认真考虑这个扩展能带来什么。这样做可以在不产生混乱或困惑的情况下创造选择。

体验差异化的功能性解决方案。几十年甚至可能是几百年来，大多数营销都是从产品或服务差异化开始的。我们的产品或服务有哪些独特之处？知道了这一点后，我们就可以进行更广泛的交流。有了好的创意后，我们就能披荆斩棘、利用品牌的情感价值，这样就不会让产品积压在货架上了。这听起来很耳熟吧？简单来说，很多企业对四大支柱有了充分的理解后，就能有效地应用。实际上，如今很多企业仍然这样处理营销，这样做只能在短时间内解决问题。然而，你很快就会发现它难以形成规模或者无法提高利润，甚至你有可能会让产生广告依赖行为。日益激烈的竞争、大规模的营销和社交网络连接都可以快速地削弱这种简易的方法。也就是说，我们同样认为应该保留和利用传统的故事讲述知识，我们认为一些经典的营销基本原理应该发挥作用。需要改变的是我们的使用方法。

一些基本原理仍然有效的原因之一是消费者仍然有功能性的需求。这是一个很简单的事实——我们不能忽略这个事实，而是应该利用它来创造强大且有意义的共享体验。共享体验来源于正在被满足的，或者某个公司提供的产品 / 服务可以解决的需求。互动本身就能创造共享体验。我们的目标是通过故事场景摩天楼来创造这样的世界：用某种方式在品牌和消费者之间分享身临其境的体验。这就是我们要了解和利用产品 / 服务价值及其交付方式的原因——这样我们就可以真正最大化这些体验。在保证符合品牌宗旨的同时，要帮助支持情感连接的桥梁，因为你无法真正地将情感需求与功能性需求区分开。如果产品有缺陷或者不合格，就会伤害消费者对品牌的情感。无心之过可能会被原谅一两次，但最终，任何不佳表现都可能会破坏这种连接，并让消费者远离你，而且它不会创造出新的消费者来代替已经流失的消费者。

假设你和一群朋友在一家新餐厅用餐，这家餐厅受到了美食家很高的评价。它拥有可以根据餐桌位置进行预定的网站，还通过邮件营销商 UrbanDaddy 的电子邮件进行了推荐。你对它的期望很高，而且你的期待也是显而易见的。你来到了这家餐厅。这家餐厅的装饰并不是你喜欢的风格，但它是很适宜的；餐厅的氛围很棒，饭菜也很可口。美中不足的是服务员的态度有点傲慢，让你感觉每次都是你在请求他。他做自己分内的事情、提出了恰当的问题，而且不会把你的菜撒掉——他会好好地端过来。你仍然感觉到惶恐不安，无法全身心地投入到这次体验中。你在这种惶恐不安的感觉中结束了用餐，而这家新餐厅忽略了这一点；这不是一次很棒的晚餐。你的真实体验与你到达这家餐厅前所建立的情感连接并不相符。

我们都曾有过这样的体验，最有可能发生的情况是：当有人问你这家餐厅怎么样时，你可能会说饭菜相当不错，但服务很糟糕，即使你无法解释到底哪些地方不好，你也会觉得推荐它会让你感到不舒服。你不想让它成为你世界的一部分。你会感到失望，并“断绝”最初建立在餐厅交流和在线体验基础上的感觉（情感连接）。问题的关键是，虽然产品（食物和环境）和营销体验（交流和网站）很好（甚至可以说很棒），但其他因素也会影响体验。体验场景中的任何一个裂缝都可以毁掉情感连接。正因为如此，我们需要随时将产品和服务看成体验的推动者。他们必须保持绑定到其他渠道上（例如，互联网互动和社交会话）的体验场景的连接。

我们常常被要求帮助营销总监来改造他们的营销部门。常见的问题往往是关于组织结构设计的，或者“我们需要雇用拥有哪些技能的员工”等。我们通常都会发现，问题并不在于技能的缺乏，而在于团队的角度出现了问题。我们常常会将旅游和服务业作为一个更好的（而不是完美的）模型，因为这些组织通常以顾客体验作为“指南针”。这是一个非常有效的角度，它会将消费者放在故事的核心，并推动一系列良好的组织行为。虽然很多营销投资和重点都放在建立情感连接上，但我们认为确定它们的功能性方面（尤其是服务方面）也非常重要。要做到这一点，我们甚至需要将功能性解决方案作为体验的推动者。实际上，这是体验的基础，因为消费者总会想办法来解决需求。用某个解决方案来满足他们的需求是共享体验的基础。而且我们知道，讲述一个没有体验的品牌故事只占等式的 1/3。

除了餐厅的服务外，它同样适用于我们与日常需求和产品的关系。我们每天早上都会醒来，不管我们是否意识到，我们都需要呼吸。这是一个简单的生理需求—— 吸入的空气中，氧气含量约为 21%。这种功能性的需求已成了一种纯粹的本能。除非你夺去了人们呼吸的氧气，否则他们无法体会到氧气的重要性，也不会意识到呼吸这个行为是一种特别的情感体验；因此，你可能不会将它看成是一种体验。仔细考虑一下就会发现，需求（呼吸）是被一种产品（空气）解决的，它通过一种行为（吸入）创造了积极的体验（生活）。

我们从那里开始发展我们的功能性需求。它可能是要清洁牙齿（为了简单起见，我们以男性为例）。因此我们前往卫生间，开始面对着牙膏、牙刷、肥皂、保湿霜、剃须膏、除臭剂、漱口液、刮胡水、剃须刀、防晒霜、护发产品、毛刷 / 梳子等。所有这些都包含在我们的睡前步骤中。所有这些产品都形成、产生或满足了我们的某个需求——清新的口气或整齐的头发。它所做的一切都是为了满足某个需求（功能性和情感）。我们使用这些产品和品牌的方式本身就是一次体验。于是一种行为发生了，我们使用这种产品，体验了它的交付方式、感觉、味道和样子等；所有这些都将我们连接到如何看待该产品、品牌和我们自己。虽然它看起来有点夸张，但当我们创建品牌和发展业务时，就会发现这一切都是值得的。我们不应该只是从设计角度来考虑产品，我们应该从体验角度去深入观察它。这样做会为非常有竞争力格局的产品差异化打开一个全新的局面。

在美国，让你开始一天生活（包含这些产品）的个人护理品大约价值680美元。从营销投资的角度来看，品牌在广告上投入了68亿美元。如果从全球范围内考虑，这是一笔相当大的投资。这些花费还并不包含执行物理体验（从网站到产品形态），但在我们看来应该包含很多。凭借对这些体验的关注，我们就会知道：与这些产品的每次交互都是体验的一部分。产品的开发、包装、销售和配送方式都很重要。为什么呢？他们解决了某一个需求；产品的味道、感觉和外形等都非常重要。功能特点有助于我们体验产品。同时，它（就像餐厅的例子）也会被期待、与种类的连接以及品牌所影响——通常是通过传播和与其他品牌的互动而建立的。

例如，如果一个产品有缺陷或者消费者要求客户服务，他/她在这次交流中被对待的方式也有利于/不利于产品和与品牌的体验。你在哪里购买这些产品也具有相关性。“它们是在正规商店买的吗？是现货吗？是我喜欢的味道吗？”所有这一切都具有功能性，因此营销的现实功能也是如此。它仍然是产品和服务提供的核心特征。我们利用它的方式（作为品牌中身临其境的体验）就是全新的机遇。让产品（服务、供应、分销）与品牌宗旨一致就能构成我们的交付方式，这就是成功的关键。

说干就干。企业如何执行每天的任务、如何待人以及产品如何解决每天的需求，对实现企业的宗旨来说都是至关重要的。这是品牌和企业建立超越功能性解决方案连接的方式，

即使该服务 / 产品提供了前面介绍的功能性解决方案时也是如此。行为方式的相关性和效果能真正建立起共享体验。这就是为什么我们需要在这个高度互联的世界（在这个世界中的消费者拥有神奇的力量）中说干就干，而不只是开空头支票。你必须忠于自己的宗旨。你必须是真实而透明的。通过大众传媒来夸大营销信息已经不再起作用了。观察一下大品牌的成长方式，就会发现他们的做法、行动、行为和创造的体验都是非常真实的。

透明度非常流行。作为服装设计师和社会活动家的薇薇安・维斯特伍德爵士（Sr. Vivienne Westwood）曾表示："从内到外都需要透明度。我们都将太多的注意力放在了品牌所说的事情上，而不是品牌 / 企业真正做到的事情上——品牌需要真实性。"维斯特伍德爵士本身就是一个标志，而且她因为众多事件而被大家所熟知，其中包括其所创立的时尚品牌的成功和长久的生命力。从朋克摇滚到现在，她的品牌通过诚实而直率地表达自己的观点来挑战世界。这种真实性是其品牌的基石，品牌不但拥有她的设计创造出的体验，更有这些体验所创造的体验。

我们曾与维斯特伍德爵士进行过多次交谈；我们研究了她的品牌、行动和作品，所有这些都让我们了解了故事是如何长期发起运动（通过真实性）的。维斯特伍德爵士所取得的成功远远超过了她在朋克时代的起点这个事实，可以证明保持灵活和相关性的重要性。此外，她故事的成功源于一个伟大的创新时代；它改变了我们连接、传播、分享和讲故事的方式。她的故事真实地反映出了一致性的强大力量，并强调了透明性和真实性的重要性。

"当我设计衣服时，我必须非常喜欢它们，而且这些衣服通常都有一个故事；但你会让不同的人穿这些衣服；也就是说，人们会穿着它们，而这个故事就会变成他们自己的故事。”韦斯特伍德爵士还和我们分享了一个故事：帕洛玛·毕加索（Paloma Picasso）曾在伊夫·圣·洛朗（Yves Saint Laurent）去世前对他的设计表示感谢。她说：“谢谢你伊夫，让我更像西班牙人，让我更像40多岁的样子，让我更像自己，让我更加引人注目……”她想说的是，维斯特伍德爵士设计的衣服比她更了解她自己。

这些都是通过作为核心基础的真实性来创建设计的故事。这些真正构想出来的设计为使用者创造了体验，而体验最终会变成使用者的一部分故事。因此，虽然并非所有品牌都来自伊夫·圣·洛朗或薇薇安·维斯特伍德，但它们体现了展现真实宗旨的价值，以及它如何为消费者提供更多有意义的连接和体验。

真实性本身并不能产生体验。它应该定义品牌宗旨和体验之间的关系，但它无法发起运动。一次运动需要灵感和体验。推动真实性的关键是对宗旨始终如一的追求。当你的目标和信仰发生动摇时，通常你就会失去与精神和文化的连接。各种级别的（而不只是首席执行官）伟大领导者都被认为是那些富有品牌文化并忠于其宗旨的人。想想你的组织中能够体现出这一点的那个人。有什么方法可以让你进一步将真实性和宗旨用于每天的行为中，并通过产品和服务来制作或做一些事情。

要为服务、产品或两者的组合（服务产品）实现这一点，你需要真正了解消费者的期望。我们稍后会深入讨论它（我们将在接下来的两章中讨论消费者的需求）。在了解了要以真实的目标驱动方式来运营产品和服务才能创建体验后，我们现在要来探讨一下如何将品牌和产品/服务定位成组织理念的支柱。

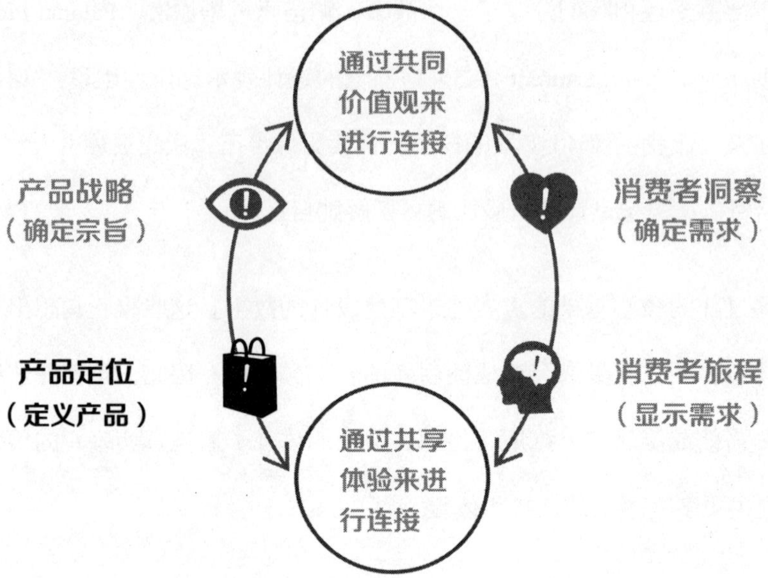

功能的礼物。正如我们之前所讨论的那样，故事和体验差异化能带来长远利益。我们认为，品牌需要一个组织理念才能做到这一点，这是一种通过品牌的故事场景摩天楼来帮助激发体验的理念。产品或服务的定位方式可以代表组织理念其中的一个支柱。组织理念的任务是组织与产品或服务定位方式有关的体验。这确保了相关性及其所解决的消费者功能性需求的连接，因此可以将共享体验融入生活中，这些共享体验可以让人们参与到品牌故事中。

多年以来，很多商业模式和方法的目标都在于确定定位：单一概念主张（SMP）、价值陈述、5W+H 方法、品牌精髓、品牌原型等。每一个都可以根据自己的喜好、信仰、方法和需求来提供价值和发挥作用。实际上，如果你正在为你的初创公司寻找资金，那么价值主张就是必不可少的。如果你正在创建一个世界或一种体验，这些机制主张就没有任何用处了。我们需要通过组织理念来发展和推动连接到品牌故事的体验维度。我们认为这个全新的维度与共享体验、组织理念的定位更具相关性。要记住，应该从产品或服务作为礼物的角度来定义它们；这样才能让品牌发挥导师的作用，并让消费者作为主人公来连接体验和故事。

加快你的步伐。我们要再仔细研究一下它，因为它涉及我们的故事场景摩天楼方法。首先，我们的主人公有情感需求，因此会希望这些需求得到满足。品牌会通过其宗旨（信仰和目标）与主人公的需求保持一致（就像一个好导师那样），因而会从情感上支持和鼓励消费者的需求。这可以使主人公和导师共享某种价值观。注意！这个追求并不是虚构的，它是真实存在的。主人公会通过一些行动来解决他 / 她的需求。导师会通过提供能满足主人公需求并创建共同旅程（体验）的神奇礼物（产品或服务）来帮助主人公。这个故事的情节是直接通过组织理念来编写的。

下面是一个有趣的练习，可以让这些概念更好地融入生活。用你自己的组织来完成下面的故事情节。

在主人公为了满足____(插入消费者的需求)的旅程中,作为导师的我们要提供____(插入产品 / 服务)礼物，它可以神奇地____(插入供应、单一差异化、价值主张)，这样就能创造____（描述体验的好处）的旅程。

现在我们来探讨几种实现方式。

在主人公为了拥有好身材和更健康的体魄而奋斗的旅程中，作为导师，我们要提供全新的可穿戴能量环活动监视器，它可以神奇地监视并分享他们的日程活动，这样就能创造激励共同参与运动的旅程。

在主人公与沉闷作斗争的旅程中，作为导师，我们要提供维他命水，它可以神奇地让我们不再无聊，这样就能创造让你成为不那么无聊的世界中一部分的旅程。

在主人公自由穿行于城镇的旅程中，作为导师，我们要提供菲亚特 500，它可以神奇地提供由内到外的时尚感，这样就能创造提升主人公的“存在感”（而不是汽车型号）的旅程。

你可以根据这个逻辑，将产品的定位和作用定义为组织理念的支柱。反过来，它会告诉你故事体系并塑造你的故事场景摩天楼。要记住，这必须与你对消费者相关性和意义的理解相关。

07

从洞察到渴望：理解消费者的价值观和期望

STORYSCAPING

STOP CREATING ADS,
START CREATING WORLDS

你是否注意到一个有趣的现象：狗和它们的主人具有相似的外表、个性或特点？你认为这是人们理性争取的结果，还是人们对狗的深爱所产生的自然结果？我们对狗的爱远远超越了理性，它们对我们的爱也是无条件的且毫无道理可言。我们每天（而不只是在那些美好的日子里）回到家时，狗都会高兴地摇尾巴；当我们向它倾诉时，我们能从它那双眼睛中看到同情和怜悯。当我们拿出它们最喜欢的玩具时，它们会显得非常开心。所有这些互动都让我们感到快乐。我们和狗之间的这种关系是显而易见的。这一切都与我们和狗之间的情感联系相关。即使狗不能真正地对我们微笑，我们也能感觉到它们的笑脸，因为我们能感觉到超越理性或逻辑的连接，而且我们很感激这微种不足道的认可（即使这只是我们的想象）。

你有没有想过，为什么很难表述相爱意味着什么。爱情被认为是我们拥有的最强烈的情感。爱的感觉来自我们大脑中的情感触发器（而不是心里）。科学家们在对大脑进行了多年的研究后，才了解了感性和理性思维之间的不同。有人认为我们复杂而聪明的大脑用不同的部位来存储情感和逻辑。也有人认为与情感和感觉不同的是，语言和表达这些通过学习获得的技能能够激活大脑中不同的部位。因此逻辑比情感（如爱情）更容易解释就变得顺理成章了。这些知识有效地反驳了一个陈词滥调：男人更不擅长情感表达，他们更容易用行动来表示。在语言作为逻辑、爱情作为情感的前提下，我们就能弄明白为什么更难表达爱情是什么。

所有这些例子只是为了说明，并非每个决定都是简单或符合逻辑的。逻辑无法驱动感情，而感情也与行为密切相关。没有逻辑来指导行为的情感只是在冒充感觉。这就是当我们连接品牌与体验场景中的消费者时，需要探讨理性需求和情感需求的原因。

在本章中，我们会专门研究消费者对情感影响和需求的洞察。我们会深入研究我们应该寻找什么，并提供一些看待消费者洞察的相关想法。我们重视并欣赏花了数年时间来研究消费者的营销人员、心理学家、社会学家、研究人员和其他群体，他们提供了深刻的见解、方法和个人看法。我们会提及其中适合于故事场景摩天楼的概念和教导，并用一种真诚但很粗略的方法利用它们添加上下文。我们并不会探讨“集体潜意识”、“社会化原则”或相似的概念，我们的目标是建立理解和应用，因为它与故事场景摩天楼相关。

改变或兑现。没有人会对“我们生活在一个变化的世界中”这个说法提出质疑。有人认为，在现代化科技的帮助下，变化的速度要比以前更快。事实上，一切都变得更快、更大、更好、更智能了——即使是我们的手机也变得智能。这就是所谓的“进化”，每一代都能看到其中的某种形式。这就是为什么不管你来自哪一代（婴儿潮一代、Y世代、X世代、C世代、Z世代、字母世代），你都会在某个阶段说出：“我年轻的时候……”简单来说，变化是不可避免的。美国前陆军参谋长埃里克·新关（Eric Shinseki）曾经说过：“如果你不喜欢改变，你就会成为无关紧要的人。”虽然他的这番话与军队相关，但也非常适用于我们的社会关系，网络生活已经创造了更高的需求来适应变化。

我们对改变的憧憬，也将展现在无所不在的技术所驱动的社会气象上。我们进行互动、连接、分享生活和讲述自己故事的方式在科技（没有它我们就无法存活）的影响下发生了改变。同时，在利用故事进行参与并与我们产生情感连接方面则没有任何改变。为什么呢？因为即使世界正在发生变化，我们从情感上进行应对的潜在心理并没有改变。马斯洛需求层次理论在今天仍然有效。荣格的原型和集体潜意识理论也同样有效。正如休·麦凯（Hugh Mackay）在《欲望心理学：看人看到骨头里》（*What Makes Us Tick？ The Ten Desires That Drive Us*）所说的那样，即使以现在的角度来看，旧的理论仍然十分有效。正确理解这些与心理需求相关的理论和概念非常有用。

同样重要的是，要记住人就是人。虽然我们每个人都不同，但我们都是复杂且不完美的，我们都生活在一个不断变化的世界中，我们还拥有共同的相关的情感需求。这些都是我们可以应用到品牌故事和品牌连接中的需求——这些神奇的需求会带来共享的价值观，并提供良好的消费者洞察。

共担风险。为了发现、探索、重新确定或发掘良好的消费者洞察，我们需要的不仅是上下文和对情感需求的了解，还需要与消费者共担风险。无论何时何地，我们都强烈建议你争取适合于挑战的、深入而广泛的研究。在麒灵广告公司，我们有幸拥有一个强大的研究人员团队和消费者洞察专家团队，他们能给我们提供丰富的认识和信息。我们坚信研究的力量，并强烈建议故事场景摩天楼模式的每个应用都围绕着对消费者的真正理解而建立——不管它是如何创建的。

我们的目标是使用共享价值观、故事和体验来从情感层面上连接品牌和消费者，从而鼓励消费者参与其中。为了取得成功，我们需要真正地了解消费者；了解对他们情感的影响；他们对事情的看法；以及我们的品牌如何才能够在这个高度互联的世界中继续生存下去。这需要真正的洞察力——不只是观察，而是内部的个人独家新闻。

洞察力是一个广阔的世界，却经常被我们的营销同行所乱用（甚至是滥用）。我们的行业包括“洞察专家”和一部分“洞察团队”。《韦氏词典》将洞察力定义为“以一种非常明确的方式来理解人物和形势的能力”，并进一步将它描述为“能理解事物内在本质或凭直觉看到的行为或结果”。这意味着要拥有良好的消费者洞察，我们就确实需要探讨人们为什么这么做以及他们如何看待这些事情的内在本质。同时，直觉和蜘蛛感官对定义良好的洞察力也发挥着一定的作用。很显然，虽然研究是科学且精确的，而且会涉及科技；但人总是不完美的，有时候还会有点不理性。因此，直觉、体验和不同的理解都会在探索消费者洞察中发挥作用。

谈到品牌时，我们通常将消费者洞察看成是“一种可以用来连接品牌的人类行为或情感启示”，或者是“可用于品牌和其现有 / 预期消费者之间关系的全新角度”。洞察力有时会被认为是被广泛认可的事实或习惯。或者，洞察力可能来自对不了解的事物的把握或理解。也就是说，它们刚开始时并不是明显的或直观的，但洞察力应该总是可以发现真相。

在故事场景摩天楼中，组织理念的支柱之一就是消费者洞察。当使用这个支柱时，我们会整理并确定一个至关重要的洞察力，它会以一种能激发推动品牌故事创意的有效方式，在情感层面上连接品牌和消费者。我们寻求的是能够利用的最强大、最能激励人心的洞察力。卓越的品牌故事是通过卓越的洞察力创建的。对消费者情感和感受的特殊洞察力能够确定一个问题，这个问题是品牌可以为消费者解决的。这是消费者日常体验、态度、观点或价值观的体现。它是创建有意义的品牌连接和创建连接消费者的故事场景摩天楼的重要组成部分。要不遗余力地去了解消费者并获取这种洞察力。要与他人合作，并探求选择和机会。还要使用你的蜘蛛感官；因为蜘蛛感官是非常强大的工具，涉及洞察力时尤为如此。

当我们继续故事场景摩天楼的搭建之旅时，需要用不同的角度或眼光来寻求并确定其他洞察力。在第 6 章中，我们简单地了解了文化洞察力和类别洞察力。我们还必须探讨消费者的行为，和他们与产品、经销、交易、媒体、内容的互动，所有这些都会在社交媒体中有所体现。

没想到在这儿遇到你。获得洞察力的第一步是对消费者有非常明确的看法。消费者定义越严格、越具体，你的洞察力就会越集中。相反，你的消费群体越广泛，你的洞察力也就可能越分散。例如，假设你正在推广一个旅游胜地，而且潜在的参与者遍布全球。对于你来说，消费者洞察处于很高的水平，而且它还包含对于各个市场、文化和环境中的人们的有限而共同的情感认知。然而，如果你研究的对象是即将毕业的高中生，你的重点就会非常明确。这两种情况都是完全可以接受的，因为它们都是以消费者品牌连接挑战为基础的。关键是要对其进行定义。当你这么做时，你就能在需求组定义的框架中探索洞察力。

对消费者情感磨练或文化影响的真正了解是无价的。当涉及寻找全新的、真正的洞察力时，我们付出再多的努力、探索都不为过。它值得我们探讨消费者的各个维度和他们的情感差异。当我们研究下页图中所示的典型消费者时，就能探讨每个阶段的洞察力了。这样做就能确保我们的探讨能深入到文化影响力和竞争影响力的各个维度。我们正在寻找全新可用的消费者情感和需求。我们现在就要对其进行深入的分析。

有求必应。我们要从人类的需求或刺激开始。我们在图中探讨了“口渴”——一种能引发需求的潜意识感觉。我们可以通过适当的问题来了解口渴的原因：它是在一天的某个时间点发生的吗？它与环境有关吗？它是健康的吗？它是像呼吸那样的本能吗？口渴的时候我们会有什么感觉，为什么会有这样的感觉？了解了这些问题的答案后，我们才只是完成了第一步。

饮料的种类非常多，因而会带来更多的问题：关于饮料我们知道些什么？哪些是我们不知道的？我们已经拥有了什么？什么会对我们有影响？有什么样的趋势？为什么我们会更喜欢某一种饮料？竞争格局是怎样的？我们如何定位选择？我们对这些饮料的看法是什么？为什么会产生这样的看法？这一步包含很多有关种类的发现。

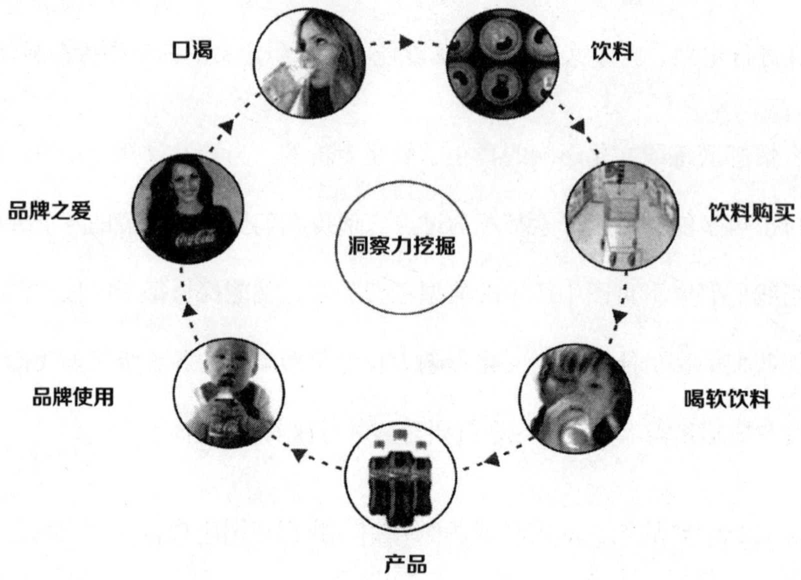

购物、购买行为、购买方式和交易行为有助于我们发现洞察力。研究一下便利性、时间、数量、组合购买、消息的近因效应、购买自发性、定位方式、存在哪种购买行为及其原因，所有这些都能让我们深入了解如何进行购买。对我们如何看待价值、价格、回报和促销活动的深入研究可以提供重要的洞察力。

接下来，我们需要研究一下如何使用这些种类。基础平台包括我们与竞争对手进行互动的方式，以及我们要使用某些产品（有时会用不同的方式）的原因。我们还深入探讨了消费这种产品给我们带来的感受。汽水的泡泡让我们恢复精神了吗？我们会把脸贴在玻璃瓶上，让泡泡把我们的鼻子弄痒吗？喝得快了会打嗝吗？它能快速止渴吗？从这些互动中能产生什么感情：快乐、沉迷、满足还是爽快？为什么会这样？有些品牌给了我们不同的感觉吗？为什么会发生这种情况呢？

重要的是要知道如何利用预期的方式来使用产品。我们可以探讨类似的消费洞察：我们什么时候、为什么要消耗这么多产品？哪些因素会影响我们使用该产品的方式？我们是什么感觉？我们为什么要喝可乐？其他饮料会让我们感觉到不同吗？为什么？

无意识的品牌使用是我们要探讨的另一个维度。研究人们如何用不同的方式使用产品，会让我们得到有趣的见解。我们可以在特殊的角度连接品牌和消费者，因为产品的多种使用可能非常有洞察力。例如，可乐既可以用于烹饪，又可以用于治疗恶心。然后可以再问几个问题：知道了这些后我们的感受如何？所有人都知道吗？我们受到多功能性的启发了吗？包装是否有特殊的意义？它还有其他用途吗？为什么？用更多为什么来进一步探讨这些问题。

品牌本身怎么样——不包含在产品中？它让我们产生了什么感觉？我们为什么会产生这种感觉？我们是粉丝还是消费者？你对这个品牌有什么看法？该品牌的现状如何？你有什么认识？为什么？它有文化影响力吗？该品牌的趋势或风格是什么？什么是社交会话？为什么？该品牌如何产生共鸣？为什么？

回到 5 岁。5 岁的孩子已经懂事。你有没有注意到，5 岁大的孩子经常会问“为什么”。他们正处于追求知识和见解的人生阶段，因为他们没有从体验或学识中获得的既定观点。这种好奇的天性并没有因为他们所学到的知识而消失，但自称为专家的我们却是如此。在寻求洞察力的过程中，这种未被过滤的、永远不会满足的态度是真正的天赋。因此，即使你知道这种洞察力是什么，也要问问自己和团队：“为什么会出现这种情况？为什么消费者会有这样的感觉？”试着当一会儿5岁的小孩，看看它如何帮助你领悟事情的内在本质。

这些只是关于我们可以探讨的维度和问题的例子。并非所有的维度和问题都能为情感连接或故事讲述产生消费者洞察，但有些确实可以。它的乐趣在于：你永远不知道最有价值的见解将会在哪里出现。随着时间和体验的应用，探索变得更为集中了。也就是说，在探索洞察力的过程中一定会使用一个重要的趋势——问“为什么”这个问题。还记得第6章如何强调问为什么的价值吗？在探索品牌宗旨的过程中呢？这个“为什么”会释放消费者感受和行动背后的情感。它是确定洞察力的最强大的词。在我们不断做出决定的忙碌生活中，我们通常会忘记停下来探索一下理由和触发因素，即这些“为什么”。

在探索洞察力时，了解我们所探寻事情的种类是一个很好的开始。这可以帮助我们知道在哪里以及如何寻找它们。这是证明研究非常重要的时候。在我们看来，研究被用于宣告伟大的思想时（而不是在试着证明或评价伟大的思想时）最有价值。

品牌、消费者、产品和环境的性质会对洞察力的确切来源产生影响。下面是一个非常简单的例子，用于简要说明它是什么样子的：

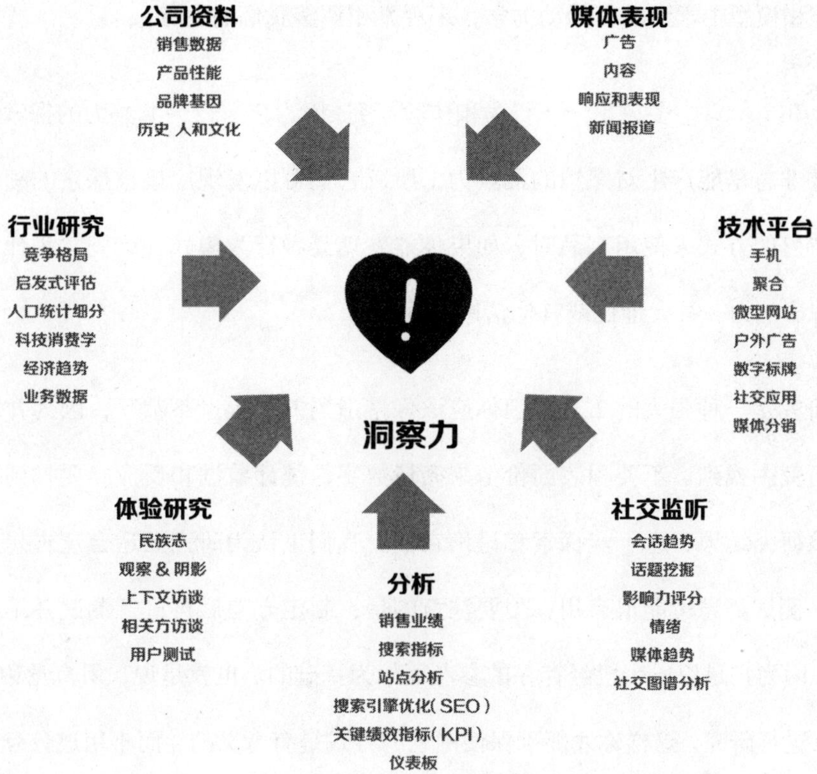

同样，你使用的方法也是由需求决定的。你可以使用定性法来揭示人们所说的，而用田野调查发现他们实际上在做什么，这包含远程调查、随机调研、体验建模、现场采访、拍摄、视频和照片。次级研究可以让我们了解文化趋势、人口统计、行业变化、技术采用、媒体和趋势分析。最后，定量研究和分析在数据和技术上都实现了突飞猛进。我们拥有能提供定量调查的资源，它们能建立品牌和种类的代表性和意义。我们可以根据从基于技术的追踪系统和模型中学到的行为动力学，来观察和调整我们的业务。

我们会在下一章中多讨论一下行为和体验研究，因为它与行为洞察力的探索领域相关。定量数据并非总是能产生对感情的洞察力，所以它们可以发现应该被探索的领域。例如，当以一种特殊的方式来使用产品时，如果你能发现某种行为模式并询问“为什么”，你就能洞察品牌影响力、社会地位或其他情感空间。

虽然研究是一种强大的工具，但你应该保持适当的“玩世不恭”，因为并非所有的答案都能在研究中找到。不要用表面价值来衡量数字、统计数据和反应。要找到真正的洞察力，就应该研究结果、进一步探索和讨论它们。我们也认为研究更适合宣告想法，而不是判断想法。测试消息可能很有用，但要注意的是，制定方向后再进行测试并不能创造真正的洞察力，因为它是以一个已经存在的参考框架为基础的。也就是说，用直觉和适当的“玩世不恭”来进行研究，这样你才能确保使用它的方式是有意义的，而不用过分夸大其内容。考虑一下你用它来做什么和如何做到这一点。

有计划的中等规模的焦点小组是深入了解人们感受的正确方法吗？还是它只能告诉你受访者到底想说什么？著名的心理学家和社会研究者休·麦凯说过：“焦点小组只是一群聚集在陌生的地方、谈论一些奇怪事情的人。”相反，休和他的团队多年来所做的是：让人们在正常的生活背景下、在熟悉的地方——在某个人的家里，在一个工作场所、酒吧，或者大家经常会面、且让他们觉得最舒服的任何地方与朋友、邻居或同事进行讨论。这里的研究在本质上更接近于民族志。它是根据观察得到的，它研究了谈话、参与者、行为和情感。它是一种会让人更加身临其境的方法，因为陌生感而转移讨论或调查结果的风险会小得多。它是几乎没有引导性的。

事实是：洞察力来自理解，而研究则是达到目标的一种好手段。要记住的是，情感是非理性的（就像研究方法一样），所以还有其他方式来连接消费者——通过直觉和洞察力。我们谈论的是消费者洞察力，因此让我们现在就来探索一下如何实现它。

洞察力："除非你自己深入其中，否则你无法获得真正的体验。"这是我们与昆士兰旅游局合作时发现的关于环球旅行家的洞察力。这成了"世界上最好的工作"（与澳大利亚昆士兰旅游局共同打造的）项目战略的一部分。该项目赢得了全世界的掌声，因为它鼓舞了全球数十亿的人去关注 35 000 个求职者对这份工作的申请，每位求职者都创作了无数篇文章和内容片段来宣传昆士兰州的大堡礁诸岛。"世界上最好的工作"这个想法来自"除非你自己深入其中，否则你无法获得真正的体验"这个战略性见解。全世界的消费者都在寻求他们最有价值的体验。

"休闲"类假期和节日正在减少。人们希望能够拥有在返回后可以与朋友进行分享的真正体验（或者在当地时，通过电子手段进行分享）。他们想要的不只是看看。他们想实际去做、感受和触摸。他们想要进行探索。他们想亲自进行体验。因此，我们的洞察力范围深入到了现代旅行者的内心——这位旅行者可以在互联网上看到可能性，但他知道必须亲自进行体验。除了生活在那里之外，亲自进行体验的一种更好的办法是什么？拥有一份工作——"世界上最好的工作"。

洞察力:“人、性能和力量之间的竞争”(双方玩家)和“文化和表达的结合”(狂热玩家)。 极限运动的消费者有两种类型。每个消费者的参与都有不同的情感因素。我们决定通过体验和组织理念来处理它们。在这个项目中，双方玩家都是热爱竞技类运动并会通过电视观看的人。而狂热玩家非常喜欢体育运动，并且会成为其文化的一部分。狂热玩家一心想着体育运动的表达本质和创造力，他们每天都在完善“带板跳”。在这个项目中，我们努力地打造故事体系来连接这两种玩家，并通过共享体验和共享内容将这两种玩家连接在一起。我们将会在第 9 章介绍更多关于美国娱乐体育节目电视网（以下简称 ESPN）极限运动会的相关内容。

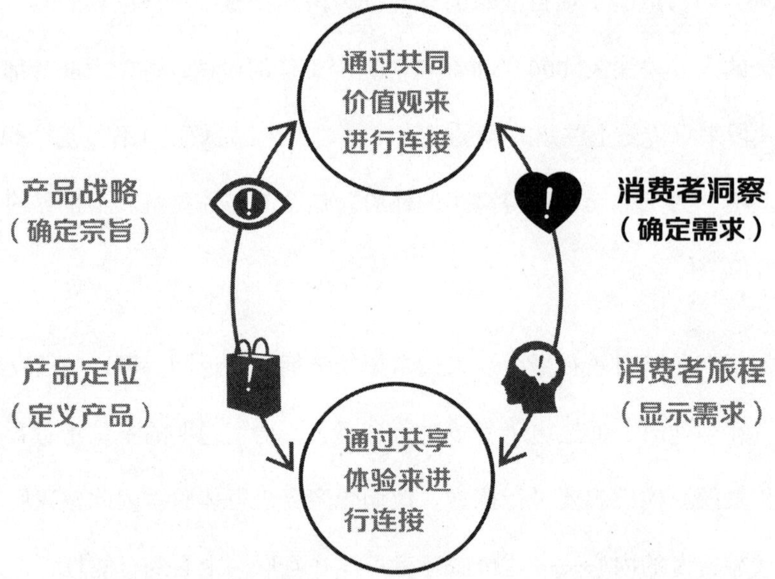

我们探讨了情感连接和洞察力的背景以及在哪里寻找它们及如何看待它们，现在我们要来探讨洞察力如何成为组织理念的支柱。借助对消费者这一全新且充分的认识来寻求消

费者对需求的洞察。这个情感需求可以引发品牌宗旨故事，并成为连接消费者的管道。该洞察力为组织理念提供了消费者的参考架构。要记住：我们正在寻找“一种关于人类行为或情感的启示，可以用于连接品牌”或“品牌与其现有 / 预期消费者之间关系的全新可用视角”。洞察力可以让你以非常明确的方式来理解人物和形势。要确保你的工作既可以鼓舞人心，又重点突出——当然，还要很有见地。

08 设身处地：了解消费者参与度和购买洞察力

虽然世界上大多数公司都在遭受某种形式的金融危机，但我们正在帮助一家快速休闲连锁餐厅重新定位其品牌，并让它重新融入消费群。金融危机对人们外出就餐产生了巨大的冲击，它将全家外出聚餐的乐趣只限定在某些特殊的场合中。过去人们可以负担得起的"让妈妈不再做饭"的家庭出游成了一种奢侈。当工作日也有超额需求时，周中期去休闲餐厅的消费者就会选择待在家里。餐厅的竞争者是超市（拥有庞大的营销预算），它能促进超值的家庭友好晚餐——让消费者选择在家里做饭。由于受这些及其他因素的影响，消费者对快速休闲餐饮的看法已经发生了变化。我们需要重新有效地学习如何向已经改变的消费者进行推销。我们需要恢复品牌宗旨的活力、提高和连接消费者体验、加强品牌故事并扩大社交对话。所有这一切都是为了增加客流量。

和你一起吃饭就是想要认识你。我们面临的一部分挑战是要深入了解这个新动态下的消费者：他们如何决定吃什么、他们如何感受这种体验、他们的需求是什么，最重要的是，为什么。我们必须按照他们的思维去了解他们的生活方式、他们的渴望和需求，以及跨越和通过体验场景的所有相关情感。要做到这一点，最好的方式就是踏上伟大的发现之旅。因此除了间接调查外，我们的团队也开始在这家餐厅用餐。当我们的团队带着照片、体验故事、洞察力和对消费者的观察返回时，麒灵广告报销了我们的花费。我们的一些成员甚至在这家餐厅进行轮班工作，在每次轮班期间，他们都会对餐厅的导师进行视频访谈。

在收集了所有这些第一手信息后，我们就开始绘制消费者旅程，并详细说明了我们所认为的消费者体验的关键阶段。然后，我们与经验丰富的民族志研究员一起研究和探索消费者体验。我们选择消费者在家里用餐时对他们进行访谈，以便更好地理解这种体验和他们的感受（与外出就餐相比）。接着，消费者在进入和离开时我们对其进行了访谈，来捕捉他们的期望和感想。最后，我们的研究人员与访谈的家庭和夫妻一同就餐——记录下观察的情况、谈话内容和行为，并研究消费者对这次进餐的感受。我们使用所有这些信息来绘制体验的各个维度、确定机会并发掘洞察力。这些是嵌入行为和感情交互或消费者行为和感受中的洞察力。所有这一切都是创造全新体验世界的故事场景摩天楼的宝贵资料。

在预期的高峰期。我们新发现的一个洞察力对社会放大效应的战略至关重要。它让人很自然就能想到，促进餐厅体验的积极社交会话是在用餐后——在用餐结束的时候，当你准备离开、在回家的路上或者回到家的时候。然而在这个阶段，当我们站在消费者的立场并了解他们的想法后，我们发现反其道而行才是正确的。在这种情况下，餐厅的快餐种类包括大量的意大利面、色拉和甜品——每一种都提供了自助餐的形式。当就餐者在考虑要享受哪种美食组合或者如何创造自己想要的口感时，这种饮食安排就能引发预期的情感连接。 这样做还有更多的好处。这些消费者既可以把多种甜品都放在一个碗里，也可以一个碗里只放一种甜品；这样他们就能用冰激凌和巧克力酱、培根片和墨西哥辣椒（所有可能的选项）制作出创意美食。

在消费者旅程的最后，我们发现状况与我们预期的完全积极的体验全然不同。用餐完成后，消费者肯定会觉得非常满意，但同时也会感到自责。他们会自责吃得比平常多了，自责尝试了古怪的美食组合，自责吃了太多甜点。出乎预料的是，旅程最后阶段的社会扩大效应很可能是负面的；而预期的对话却可能会激发积极的思考。这两者都是与行为和体验相关的强烈情感状态。如果我们没有使用民族志和研究来按照消费者的思维进行思考，那所有的这些洞察力都只是我们的想象或假设。这种情况下，我们利用整个消费者旅程中的洞察力来努力了解消费者的需求——通过他们使用餐厅产品和服务的主要原因（“怎么做”和“为什么”）来满足自己。这一切都是用于故事场景摩天楼方法中的相关信息。我们还将一个核心洞察力作为支柱来确定组织的理念：每个人的品味都是不同的。

这是一个小故事，讲述了如何按照消费者的思维来开辟一个洞察力的世界。这个世界从局外人的位置上是无法观察到的。对于我们来说，民族志和其他相关研究方式是创建环境、工具、产品和内容（为消费者提供他们所期待的身临其境的体验）的基础。

从人开始。我们要来探讨一下民族志和相关研究的原则和实践，这样才能更好地控制如何理解消费者和他们在旅程中的选择。我们的前提是：人们拥有体验，且这些品牌能调用传播、产品、服务、环境等来塑造这些体验。从这个意义上来说，体验来自持续的感觉和互动模式，而且我们放弃了被接触点所包围的、作为详细人物角色的消费者形象。相反，我们从自身的情况出发，而不是根据“销售漏斗”中同一类型的人口统计数据来得出一个可能的结果——消费。故事场景摩天楼建立在通过体验去更深入地了解消费者及与品牌关系的基础上。事实上，这种了解应该尽量作为一种“始终存在的”理解——稍后我们会详细介绍它。

虽然我们意识到消费者情感（正如我们在“消费者洞察”支柱中所探讨的）与理解需

求和行为的这个支柱是密不可分的，但我们单纯从逻辑角度将它们分开，这样你就能了解品牌如何在情感层面上进行连接。这就是品牌故事试图做的事情，这与品牌尝试与其他东西进行互动是完全不同的。品牌互动的部分内容是提供解决消费者某种需求。因为这种需求可能具有情感，所以要认识到你无法完美地将情感需求和功能性需求分开，因为它们是相连的。我们从两个领域来专门研究这些支柱，以便能有更深入的理解并确保实现更明智的组织理念和故事体系。

行为就是故事讲述者。我们所说的了解消费者参与度是什么意思？当我们在讨论“购买洞察力”时，实际上说的是什么？需求是可以被解决的东西；当我们将它与理解消费者参与度联系在一起时，就表示这并非是一个关于适合与否的（找到一个可以放入方形木栓的方孔）问题。我们在讨论理解这些需求时，不只是要知道需求是什么，还要知道需求为什么存在，以及了解它会被连接到某个人生活的其他因素和各个维度。它还是关于认识到需求有时是无意识的——它可能与生命过程相关。正如我们在产品 / 服务定位一节中所讨论的，实用需求甚至可能具有强烈的无意识习惯性特征（这种情况下我们可以研究习惯、上下文、感知结果等的影响，而不只是习惯性行为和功能性需求）。

通过对需求和行为进行有意义的研究后，我们也确定了它们与自我认同、文化、品牌价值和品牌宗旨领域的内在互连——象征性的领域。我们将需求和行为看成是一种方式，物品是以这种方式成为现实并显现在消费者面前的。这是我们的行为方式，我们用这种方式来与世界进行互动，并用产品或服务来讲述我们是谁以及我们想做什么的故事。无论是对深思熟虑的决定（例如，喂猫吃什么），还是我们凭直觉所做的决定（例如，早上穿什么袜子与裤子搭配），这都非常有效。

研究有助于揭示我们如何使用企业生产和销售的产品，以及我们如何讲述我们是谁的故事。在这种故事讲述中，我们获得了更多的想法并发现了说明我们是谁的新方法。我们一直在寻找让这些故事保持新鲜且更具吸引力的方法，因此，我们需要不断地了解消费者，了解他们的信仰、准则以及语言和表情。

需要超越需求。“理解消费者”这个概念已经被缩小为只确定他们的需求，且市场调研已经成为一种可怕的障碍，我们必须在进入下一个阶段前清除它。否则，最坏的情况是使用表现非常不堪的“验证需求”法。同样，使用任意孤立且上下文无关的数据组合（例如社交倾听情感）来了解消费者也只是一种假象。我们认为更重要的是要探索该领域思想领导者所谓的“不确定性的答案”。里克·罗宾逊（Rick Robinson）教授这样描述它：“你所发现的内容导致有人说‘它也许是……’或者‘如果……，可能会发生什么’。”也就是说，对于消费者的了解形成了可能性的故事，而不是降低风险、消除不确定性或者验证路径。

我们现在要从消费者需求和行为的角度继续前进，从更实际的角度探索民族志的原则和方法来印证我们的理解。

民族志是人类学领域中的核心定性方法论。简单来说，它是对社会和文化进行研究。对我们来说，我们追求的是体现态度、观念、信仰和物质世界之间的关系。从商业意义上来看，这个物质世界会被认为是与功能性需求相关的产品、服务、环境和系统之间的互动或表现。

让我们去搜寻吧。所有研究的关键之处都在于确定从哪里开始。在商业背景下，我们需要非常实际地考虑这一点。我们无法召集一群人类学家，让他们花两年时间来研究一个会有很多发现的问题。相反，我们有一种能提供“搜寻”的方法，可以确保你在有意义的商业环境中设定工作。不要只是进行探索后就将它应用到商业环境中，要从搜寻声明开始。搜寻声明是研究的总体框架——是对我们想要了解的内容及其原因的概括性或“整体”声明。它是对项目基本目标的清晰、简洁且具有说服力的描述。它给了研究团队方向，提供明确的宗旨来指导他们进行工作。它反映了你对竞争格局的了解。如下是“搜寻声明”的一个示例。

> 了解不同家庭的学习差异体验（尤其是从主要看护人的角度）来建立一个体验模型，这个体验模型会告诉我们ABC公司（美国广播公司）的（在线和离线）学习体验。

该“搜寻声明”的核心是规定这个研究如何解决你的商业问题。有了正确的“搜寻声明”后，就能在保持上下文和商业相关的情况下利用研究进行探索。需要注意的是，商业环境不应该是品牌的宗旨或产品定位，因为它们都是制约因素。你确实要给探索定义上下文，它会找到机会来填充品牌和产品。

我们已经介绍了研究的背景，现在要来看看可以进行规划的模型。我们的目的是让你了解民族志研究如何来协助理解消费者，而不是介绍研究方法，帮你获得哲学博士的头衔。我们只进行了简单的探讨，是为了说明使用民族志来了解消费者参与度和购买洞察力的价值。

获得更大的市场份额。如果你只是研究人们在干什么，那你只能获得其中一部分信息；如果你只是询问人们正在想什么，那你也只能获得其中的一部分市场份额。你可以插入“想、做、用”这种表述，并将它们用作规划工具来预测不同的体验元素将如何交互，以便创造日常的可观察行为。这并不意味着要解释所有的体验。它是一种可视化工具——批判性思维的辅助。每个组件（想、做、用）对其他组件的效果都相同。它们没有等级之分。它并不是一种认知模式（规定人们要先想什么，接着做什么，最后再用什么）。它可以被用于分析个人和群体的日常行为——不管是一个用户组、一个国家还是一种文化。从工作角度来看，它非常有助于探讨个人或集体独立使用这个工具的两种方法。

我们有很多规划研究和发现的启发式方法。我们还可以围绕“抽取合适的人选进行研究”这个话题进行长时间的讨论，但我们并不想这么做——我们只是坚持一个非常基本的建议：重要的是不管采用哪种方法，都要保证样本是基于你想要知道的内容，而不是基于不同的用户群。需要记住的是，我们要了解的是态度、观念、信仰和物质世界之间的关系，而不是两个确定部分之间的可变因素。

想

- 我们如何审查理解体验方式背后的文化体系？
- 人们如何表达他们的体验？
  人们如何将新的体验融入他们的旧感知模式中？
- 哪里是可能的干预点和人们考虑品牌、产品、类别和体验时所用方式的改变？

做

- 人们平常在做什么？
- 体验框架如何告知我们他们正在做什么？
- 他们所接触的物质世界如何告知我们他们正在做什么？
- 干预点和日常行为中可能的机会是什么？

用

- 人们用什么物体、工具和产品与制造商共同创造体验。
- 这些物体的属性如何告诉人们它们的预期用途？
- 用户用哪种出乎意料的方式来与物体进行互动？

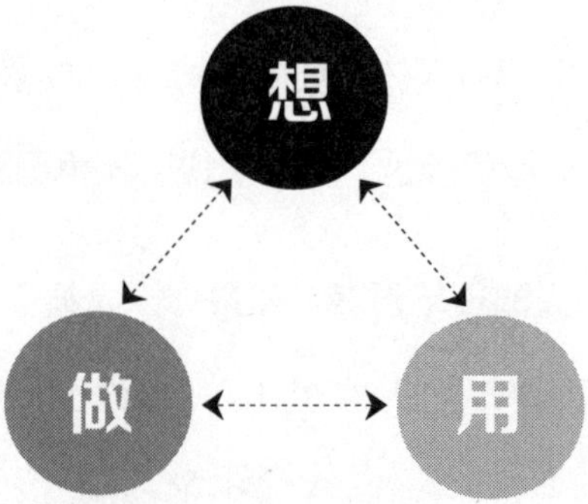

为了将它们结合起来，我们来看一个精彩案例研究：民族志帮助我们找到了治疗感冒的方法。好吧，它并没有治愈感冒，它只是告诉我们感冒的体验模式——为我们的一个客

户激发了新产品的开发和体验模式。这个客户当时正在感叹感冒治疗类的产品已经饱和了，已经没有他们“行动”的空间了；但是由此产生的机会分析图显示，他们和竞争对手的所有产品都只适用于感冒的一个阶段。其他阶段还有很多机会——这是在这些阶段的消费者参与制定的感冒治疗策略中所显露出来的机会。

我们从检查感冒的发生开始。通过使用结合背景的定性研究，我们能确定感冒患者的体验模式。然后，我们创建了一个非常简单直观的 4 阶段体验模式：

有点不同（SD）——喉咙有痒痒的感觉

快要感冒（GAC）——开始流鼻涕

感冒了（HAC）——我感冒了

感冒康复（GOAC）——还没有结束

目前的产品针对的几乎都是 HAC 阶段，但很显然还有其他情况。我们需要为同一个顾客准备多种选择：“流鼻涕？试试这个。咳嗽？试试这个。”

HAC 是所有感冒类产品的营销重点。我们将“感冒了”作为身体意识的状态。对一个人的身体、心理状态和情感状态的意识——每一种意识都被加强了。“感到筋疲力尽”或“精神疲惫”的意识在处于波动中。我们用人们对不同状态的感受来确定行为和需求的交互。

人们如何从一个阶段转移到另一个阶段和他们在每个阶段的真实感受，对于我们重新思考如何设计感冒类产品的广告词来说是至关重要的。我们并没有检查用户群。我们只确定了想知道的内容——人们是如何经历感冒的？答案给了我们提升产品和增加市场份额的新机会。

我们发现，消费者在感冒康复阶段的精神状态是最积极的。他们对舒适和休息的需求增加了。我们发现他们正处于“做更多的防护避免再次生病”的积极心态中。他们有增强和充实自己的强烈需求。这是为有关感冒类产品提供更有效策略的关键。

筹划机会。民族志和建立体验模型的主要应用之一是机会分析图。正如在感冒类产品精彩案例研究中所说明的，机会分析图是了解消费者行为以及产品和服务如何满足他们需求的巨大成果。机会分析图的定义方式是不同的；通常情况下它们会以为矩阵形式出现。这个矩阵用于说明确定机会的关系，是建立在业务目标和研究成果基础上的。

该品牌的视角提供了整体的过滤 & 重点

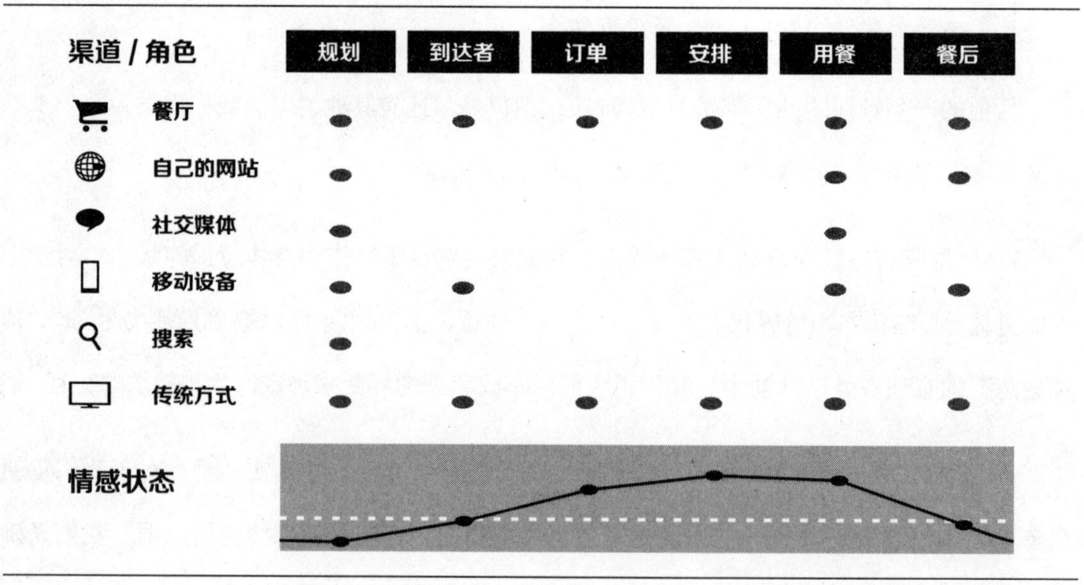

还记得本章开始时介绍的连锁餐厅吗？在这个案例中，我们通过旅程中的接触点和对消费者情感的覆盖来探寻机会。这里只展示了其中一个领域的机会。每一个点都更深入地探讨了消费者洞察和产品或者服务联合体。

当我们超越传统方式进入民族志时，就能利用技术、以一种全新且有意义的方式来收集行为数据。这并不会使得更传统的民族志或研究方法变得多余，但数据收集和我们如何从全新的层面来了解消费者确实能带来商业利益。

你知道吗？这是了解消费者行为的一个全新领域。引用格尔茨（Geertz）的话说就是："我们使用科学想象来了解陌生人的生活。"我们的目标很简单，就是通过分析日常生活的点点滴滴来深入理解行为并寻找其意义。它与人、地点和事物有关。我们会在这些研究项目中有效地利用数据收集工具（如传感器）。这些数据收集工具会被"锚定"到人、地点和事物。我们会选取定量和定性数据。我们讲述故事并逐渐形成人和事件的类型，如手机用户的 3 种类型或者协作会议是什么。我们的数据包括如下类型：噪音级别、光照水平、加速度计数据、温度和湿度、蓝牙、邻近度、互联网活动、调查和选择性视频。我们使用机器学习、统计学和对大范围数据的巧妙处理来了解我们收集到的内容。了解某件事并不需要知道所有的事情。

日本有一种配有特殊传感器的电热壶（一种奇特的茶壶）。它被用来监控独居老人的生活。你可能会问为什么要用茶壶呢？很多老年人都是独自生活的，这样就会有一定的风险。在很多情况下，有人会去看望并对他们进行检查，但这只能提供这个特定时间段的数据。如今在科技的帮助下，我们可以在所有物品上都安装摄像头和传感器，也可以只在茶壶上安装。当茶壶被加热并且被拿起来时，它就会给使用者的某位亲人的智能手机上发送信号，告诉他老人正在活动。因此，“想要知道妈妈身体是否安好”这个需求可以通过她茶壶上的传感器来解决。为什么呢？因为当茶壶每天都用来泡茶时，你就会觉得很欣慰——这意味着她已经起床了，而且她的身体状况很好。如果她每天至少要喝 3 次茶，这个传感器就会提供一种切实有效的判定，更不用说仪表会为你的疑问提供的完美解决方案了。

如本例所示，我们使用的传感器是有限制的——低分辨率、低采样率、有限（但多元化）的数据类型。为什么呢？因为这涉及隐私问题，而且这样做还能避免分析的瘫痪。确凿的证据有助于我们推断出行为的含义，验证并通过数据层丰富我们看到这些数据时的想法。这种收集并不会停止，这意味着我们可以通过故事讲述和数据来更好地告诉大家我们的目标——描述互动、行为、认知、情感和注意力。

“老年人看护”这个项目只是一个例子，是我们使用基础研究的传感器来获得洞察力和机会的众多应用之一。我们刚开始的想法是，我们也许可以知道老年人的健康状况什么时候出现下滑。搜寻显示某位独居老人日常生活模式的画面，以确定行为上的变化或身体状况的变化——这可能意味着出现了健康方面的问题。我们的方法是：“考斯家”（Kauth House）是对患有慢性阻塞性肺疾病（COPD）的个人的研究，更是研究独居老人的一个试点。我们正在通过研究更多的社区建立程序、协议和培训材料，我们还在建立了解 COPD 患者的基准。为了确定行为或身体状况的改变，我们必须先建立对照的基准。通过建立一套“正常的”行为和状况模式，我们就能意识到非正常的状况，这可能意味着身体健康状况的下滑。

有一组传感器被认为与所需的数据集、环境和预期行为有关。我们对活动区进行的研究显示出了传感器的部署。

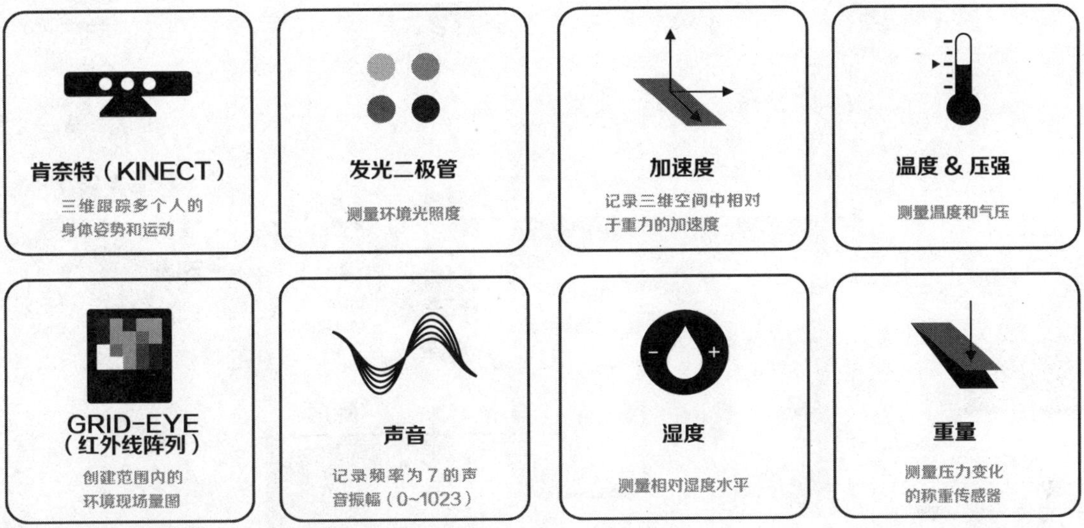

我们正在创建初始数据可视化来进一步改善该方法并建立基准规范。

对洞察力的研究要获得成功不仅仅意味着需要硬件和研究——你需要认识到，与消费者打交道需要一个充满活力且不断探索的体验空间。每个智能手机都有多个传感器（GPS、加速计、光线传感器等）这个事实，让我们有可能对行为和状况进行研究。“将互联网作为平台”让我们能够了解这个世界，这样我们就能更好地服务消费者和他们的故事。

你所看到的就是你。为了充分认识到研究的价值，数据、研究结果、解释和分析应该具有说明性。理想的情况下，它应该一直存在且是动态的。我们认为，将数据可视化（动态的、图表形式的）对于作出有效的解释至关重要。实际上，我们几乎可以可视化所有的数据层。我们对使用图形、图表，甚至是动态图来表示数据层（从原始数据到解释模型）都抱着积极的创新态度，例如“打喷嚏”的案例分析。正是这种可视化表示带来了重要的洞察力或机会；且重要洞察力的定义充当着组织理念的引用亮点。

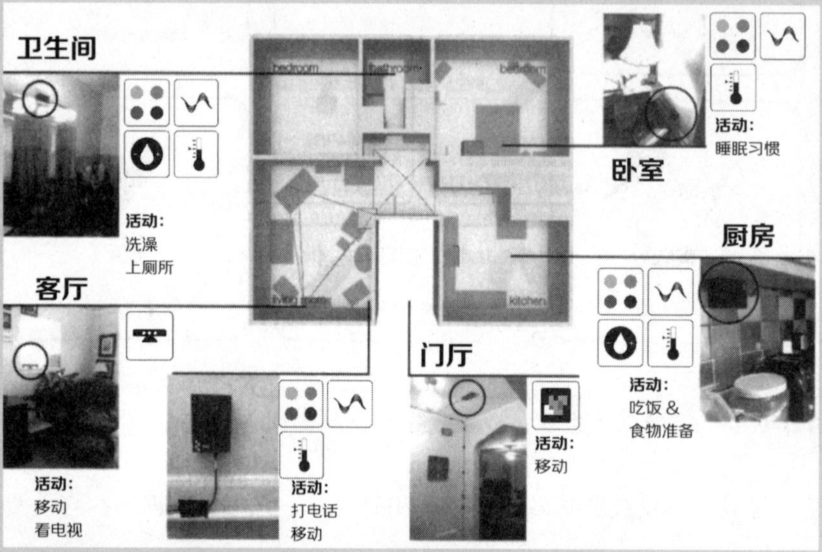

“老年人看护”项目，传感器部署

“老年人看护”项目，活动区

厨房

厨房是考斯太太经常活动的地方。她每周都会做几次饭，每天都会吃早餐和午饭，并把她的药放在柜子上。要跟踪的活动包括：吃饭、典型的早晨习惯、吃药

门厅和客厅

考斯太太大多数时间都待在客厅。她看电视、吃饭、阅读、支付账单、坐在她最喜欢的椅子上打电话。在她椅子背后的门厅是这座房屋的中心。要跟踪的活动包括：移动、打电话

卫生间和卧室

考斯太太有着正常的作息时间。她早上 9 点半起床，每周会洗几次澡，每天晚上都会使用制氧机，晚上 11 点睡觉。要追踪的活动包括：洗澡、穿衣服、上厕所、睡眠习惯

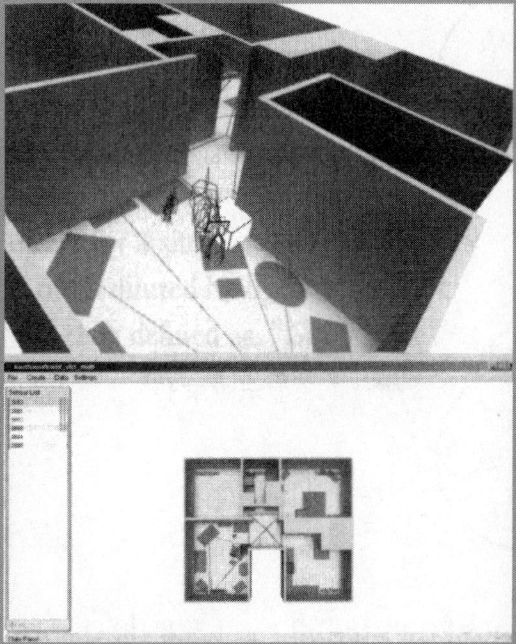

肯奈特可视化

这个时刻显示的是考斯太太离开椅子并走向厨房。当时是下午2点半，因此我们可以假设她要寻找一块小点心或要吃下午的药。正在缓慢消失的骨架（在桌子后面）显示的是一个人刚刚所处的位置。红色骨架说明了肯奈特所捕捉到的最近的身体位置。

GRIDEYE和SPIDER（声音）可视化

这个时刻显示的是从Spider麦克风（圆柱）传出的声音范围和GridEye（热度图）捕捉到的穿过门厅的人。根据红外线阵列的路径，考斯太太（刚才还坐在她的椅子上）走进了厨房。热度图中的黑点是门厅角落的散热器所致。

SPIDER（光线）可视化

这张图显示了从2013年1月9日星期三6点8分40秒到2013年1月10日星期四17点10分零5秒，在考斯太太卧室的传感器2005所捕捉到的光线。我们可以看到她开灯的时间（峰值）、吊灯（平稳的低值）和阳光（长斜坡）。

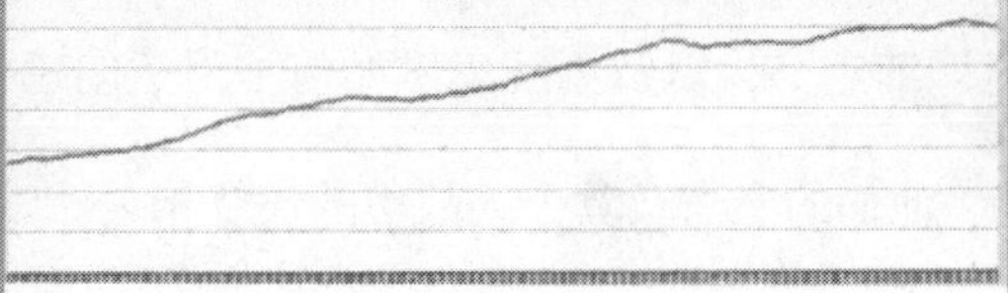

SPIDER（气压）可视化

这张图显示了从2013年1月9日6点8分40秒到2013年1月10日17点10分零5秒，传感器2005（卧室）所捕捉到的气压变化。低气压表示阴天，高气压通常表示有点干燥。

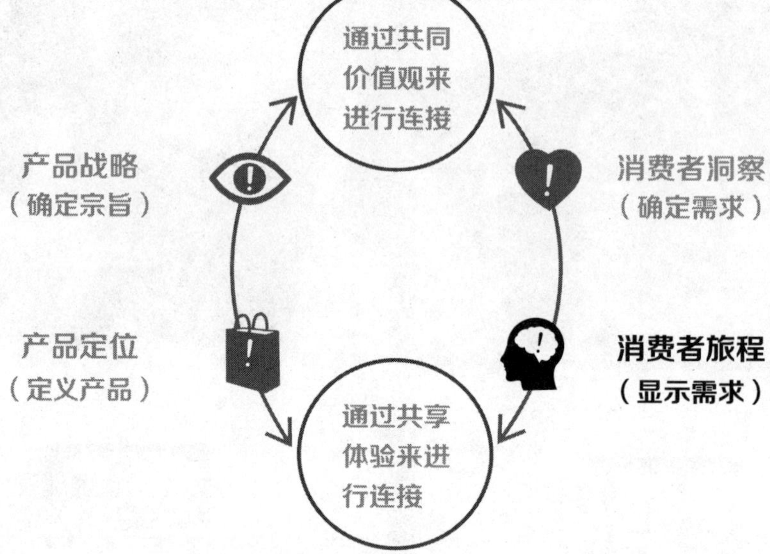

和所有的四大支柱一样，这个支柱的战略、洞察力和结果用于输入故事体系和形成故事场景摩天楼，而且我们将其中的一个作为组织理念的参照标准。例如，我们研究了健康和美容类（更确切地来说，是脱毛）的消费者旅程。它就自尊、社会压力和你对这类美容结果的预期表明了许多情感影响。对美丽的不懈追求是人们的普遍选择。因此，我们期望有一种更简单的解决方案，而实现解决方案的行为通常会被选择和所谓的创新所削弱。我们的核心消费者洞察会被定义为："自信是最有效的药。"这种洞察力和对消费者参与行为的了解可以实现组织理念，让品牌可以在激烈的竞争和混乱的条件下满足消费者需求。

现在你已经牢牢掌握了与故事场景摩天楼相关的品牌宗旨、产品定位、消费者洞察和消费者需求。在下一章中，我们将提供组织理念的详细定义，以及系统思维如何被用于创建相关且身临其境的体验世界。这些世界都与消费者、他们的参与及其个人故事的演变相关。

09

组织理念：激发行为改变和驱动交易的体验场景

STORYSCAPING

STOP CREATING ADS.
START CREATING WORLDS

我们已经介绍了工作模型和支撑组织理念的四大支柱：品牌宗旨、产品 / 服务定位、对消费者情感的理解和对消费者需求的理解。我们还了解了创造世界（而不是创造广告）的重要性，以及创造世界和创造广告之间的不同。现在是时候深入研究实现创造世界的关键——组织理念了。为什么呢？因为组织理念实现了这一点，它会进行组织。你可能会问：组织什么？它会以能建立情感联系和激发行为的方式来组织消费者和故事之间的关系。它是一种战略性的投入，有时（只是有时）也可能是一种创造性的表述。组织理念可以帮助确定品牌与消费者的交互方式。即使是你所创建、组织或关联内容的前提也会被组织理念增强。它是一个强大的概念，在如何讲述、发表、参与和体验故事方面非常有效。

组织理念是根据洞察力和认知的四大支柱创建的，而这些洞察力和认知是围绕着品牌和消费者形成的。我们已经在前面的 4 个章节中介绍了这四大支柱。对品牌宗旨来说，真实且有意义的连接是不可或缺的；组织理念成了将宗旨融入生活的方式的一部分。如果没有品牌宗旨的连接，你的组织理念就只不过是一种随意的想法。

正如第 6 章所介绍的，产品或服务的定位是一个非常重要的支柱。你需要非常明确地知道你要提供什么、为什么要提供它以及如何提供；否则，你试图从故事场景摩天楼创建的行为的效果就会大打折扣。组织理念用于指导所创建的体验类型，以及如何通过故事体系来连接这些体验。如果你对产品或服务定位缺少基本连接，你所做的用于推动最终结果的所有事情都会事倍功半。

前面关于介绍消费者洞察的几章内容证明了了解消费者情感需求的重要性。组织理念推动了消费者的情感领域。要确保激发行为和创建身临其境体验的方式，组织理念就必须与消费者洞察有关。真正的消费者洞察通常是最有创造性的解决方案的基础，在传播和故事讲述方面尤为如此。对消费者情感磨练和文化影响力的真正了解是无价的。当涉及确定全新的、真正的洞察力时，付出再多的努力、研究和探索都不为过。它值得我们去研究消费者的各个维度。对于文化洞察力、类别洞察力、竞争洞察力和对消费者情感的洞察力等内容，我们应该付出最大的努力来进行探索研究。

最后，你明确了消费者如何与他人、地点和事物进行互动。它们通常会被表示为消费者旅程，知道并遵循这些交互是了解存在哪种行为以及它们存在于哪里的基础。这些信息能让我们深入了解如何利用、改变或增强互动。这项工作并不像观察消费者的日常生活那么简单。我们需要更深入地了解情感旅程，以及了解如何将该情感与他们的行为关联起来。

使用这些支柱就能探讨如何建立有效的组织理念。首先，我们必须了解我们正在创建什么。我们将组织理念定义为“品牌积极宣称为了改变消费者行为必须要做的事情。它会激发通过故事场景摩天楼创建的体验类型”。

组织理念并不是一个大的创意。一个好的创意是履行组织理念的创造性表达和良好的体验。红牛是一个了不起的品牌，一个与好的创意——真正伟大的想法有关的内容品牌，就像有人要乘着气球飞上太空并从里面跳出来一样。虽然它是好的创意，但并不是组织理念。让我们来深入探讨一下。红牛有很多好的创意、合作伙伴、内容和分销渠道。它是如何从中获取价值的？价值的产生与它的组织理念相关。红牛的组织理念类似于“飞翔”，它被优美地表述为：“红牛，给你一双翅膀”。

从“红牛，给你一双翅膀”这样的理念开始，你可以真正选择去组织。这就是为什么当一个疯狂的家伙想从气球上跳到太空时，你会说：“当然没有问题。”它之所以可行，是因为它与你的产品一致。它通过能量与产品连接，会吸引以内容为主导的消费者，并会激起消费者的情感。而且，它将“红牛，给你一双翅膀”这个组织理念融入到了人们的生活中。当你在观看红牛赞助的飞行大赛、山地车比赛、山地车坠崖赛和极限运动，你就会发现它的很多连接都与组织理念有关。而且最重要的是，产品的角色是无可争辩的。这就导致红牛的每次体验都能引发另一次体验，即使体验可能围绕着不同的内容时也是如此。

开始进行创造。组织理念的创建并不是科学，它没有任何公式可遵循。能保证形成好主意的就是投入和洞察力，而不是公式。如果存在公式，创意就将不再是创造力的结果。我们可以提供一种方式，用来测试你是否有组织理念。我们更多地将它看成是一种技能——来自很多人投入的技能。它是由各种配方（主原料是本能、直觉、体验和激情）融合而成的机会大熔炉。“完成这道菜”的方法是找到战略性思想的平衡点并激发。这就是为什么说它是一种技能；它建立在团队合作基础之上。

我们利用的是一种称为关联思维的方法，其中多方意见（来自不同维度）所带来的结果要比一个天才的观点更有效。我们并不是说天才的贡献没有价值，但它只是其中的一个维度。组织理念拥有多个支持它的角度。同时，组织理念拥有影响广泛的应用。因此，关联思维是确定机会探索的重要基础，而这个理念是共享的。而且，合作过程从一开始就建立了人们之间的相互了解。

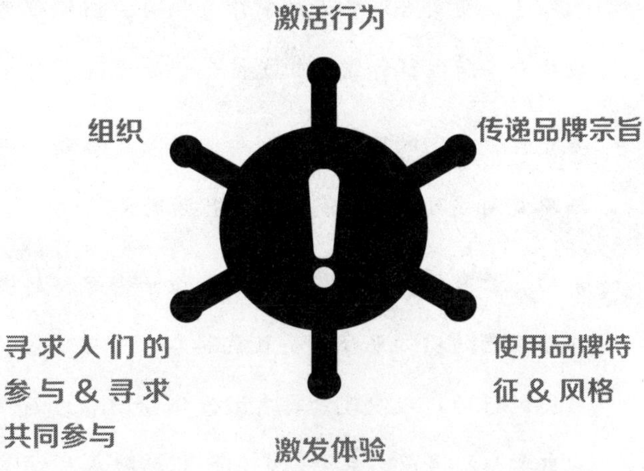

在制作和创建组织理念时，我们需要寻找能够实现这些支柱的关键特性。

下面是当你试着制定自己的组织理念时，需要问自己的问题：

- 它是否会进行组织？它是否明确地告诉你消费者如何与故事连接？
- 它是否有助于你确定要使用的渠道的作用？
- 你听到它时，你觉得它能激活行为吗？你正在寻求刺激消费者的体验，而这些体验需要一种行为。
- 组织理念和相关的体验能否实现品牌宗旨？如果可以，它是否与品牌信仰一致，是否能激发品牌信仰？你应该可以获得品牌宗旨和组织理念之间非常清楚的逻辑关系。向自己提问还可以获得一个非常好的角度，预期的情感连接是否符合品牌目标、信仰或宗旨?

- 品牌不只是广告词；一个品牌是公司的化身。这个化身应该让你更讨人喜欢、更令人难忘、更符合消费者的需求。同样，组织理念应该与品牌特征和风格一致，甚至应该是品牌特征和风格的支持者。你可以问问自己，这像是品牌会讲述的吗?
- 要记住，我们的目标是激发身临其境的体验。当你在考虑组织理念时，你是否能立刻感觉到你可以创建能够提供行为的体验?
- 最后，故事场景摩天楼就只要创造一个身临其境的体验和参与的世界。组织理念是体验场景的核心平台，而且就其本身而言，它需要寻求参与（公开进行，或者通过可能的行为）组织理念具有激发体验的潜力吗？虽然这是一个难以回答的问题，但它非常值得考虑。其中，人们会让品牌参与到他们的故事中。

我们提供了组织理念中所要探讨的很多方面，但需要再次说明的是，它并不是科学。对想法中某些话进行评估并不是必须的任务。这就是要使用体验、多视角并预先进行考虑的原因。你必须想象组织理念是创造性表述和体验的一部分。如果没有探讨创造性表达和范围，就无法形成组织理念。它并不是在组织理念和大构想之间“传递接力棒”的过程。它是一种统一的、交互式且有创造性的过程。

- **要避免什么**。创建组织理念是一个全新的概念。我们已经解释了它与好的创意之间的不同。从战略性角度来看，有时它会帮助探索应该避免什么。因此，下面就是在创建组织理念时应该注意的事情。
- **不要使用命题**。也就是说，关于品牌特色或效益的生命，并不会用于组织。相反，它应该是一种可以激发和改变行为的表述，而不是为了进行操控的提议。也就是说，不要使用类似“只有阿苏比萨才有家人秘制的酱汁”或“只有阿苏比萨才有买一送一的优惠”这样的短语。

- **不要使用平淡或者显而易见的语句。**我们的目标是激发连接敏锐洞察力的创造力。也就是说，不要使用类似“提高粉丝和消费者的防范”或“帮助我们的消费者做到更多”的表述。
- **不要让它来自消费者洞察或消费者角度。**我们试图通过洞察力和消费者连接，因为洞察力形成了组织理念。它不应该像是对消费者世界或需求的描述。也就是说，不要使用类似“我在寻求生活各个维度的平衡”或“如果你住在某个地方，就只能让自己完全融入其中”的洞察力。
- **组织理念的创建及其主要目标都需要观念上的根本转变。**它是故事场景摩天楼的核心，因为它允许连接故事体系，并帮助定义渠道角色、接触点、故事特点、优先级和体验机会。

如果你在思考品牌组织理念或者阅读本章的时候已经这么做了，那么你就步入了正确的轨道。如果没有，就请开始这个过程吧！如果你确定了组织理念，但无法保证它的正确性的话，那就记住：利用组织理念的力量需要转变一些组织观点。如果你无法或不愿确定如何利用组织理念来实现品牌、创建内容、讲述故事、规划媒体或明确商业渠道的决策，那么你就会面临有效性的风险。这就是目前很多企业所受到的挑战 。你可以将这种挑战作为刺激公司内部积极变化的因素。相信组织理念和能推动并建立身临其境体验的强大宗旨——这样做可以让企业变得更有效率和效益，甚至能提高品牌和公司的价值。

在过去几十年里，可口可乐发现了应用宗旨和组织理念的力量。他们并没有创造力、故事演变和消费者参与。2003 年，可口可乐的口号是：可口可乐……真实。同时继续在世界各地进行各种不同的广告活动。2005 年，他们将口号改为“梦想成真”（Make it Real），并继续在世界各地进行各种不同的广告活动；一个不经意的旁观者可能会认为品牌和广告是他们之间唯一的纽带。2006 年，他们开始围绕着“生活中的可乐一面”（The Coke Side of Life）这个定位来强化他们的全球品牌——一个强大的与消费者有关的想法。几年后，你就会了解该品牌是如何与这个想法（而不只是口号）融合的。

当他们开始关注“畅爽开怀”（Open Happiness）的组织理念时，他们的工作变得与宗旨更加一致。如今大多数营销工作似乎都落后于某个概念框架。他们继续创造出很多不同的故事和品牌体验，你可以看到：它们全部都忠于“畅爽开怀”。这说明可口可乐已经被简化成（从拥有多种不同的传播理念到只与广告口号连接的广告活动）同一个核心理念。你能想象这种全球整合所带来的影响力和效果吗？它把全球范围内的消费者都连接在一起。如果这还没有足够的价值，那么请注意：他们如今的股票价格是 2003 年的 174%。

你已经了解了组织理念的强大和重要性，接下来我们将要探讨如何使用组织理念创建故事体系。

精彩案例研究

ESPN 世界极限运动大会

随着极限运动（ESPN 世界的一部分）的迅速扩大：每年举办 6 次活动（原来是 3 次）并且在 2013 年成为全球性的活动，我们开始面临一些特别的业务挑战。

首先，我们必须寻找新方法将更多的内容散发到更多的市场中，以此作为全新的互联网套件的一部分。其次，我们负责维护世界极限运动会品牌在极限运动世界中的地位。从根本上来说，我们必须通过用户生成内容（UGC）和品牌内容来创造一个能吸引粉丝的体验场景，从而保持世界极限运动会在科技和体育上的领先地位。随着极限运动在全球的扩张，ESPN 世界极限运动会要求我们来帮助他们增加观众。当然，全球观众造成了其他战略性的障碍，如来自不同市场的内容；因此，我们的部分战略过程包括绘制这些市场来说明它们是如何连接的。最后（也许从客户角度来看是最重要的），我们被要求通过提供网站访问量和用户参与度来增加收入。

行动和灵感。创建一个全新的世界极限运动会所依赖的组织理念是“惊险刺激”，但要实现这一点却一点儿都不简单。这个组织理念的基础是多人共同合作，并真正显示出关联思维。

他们给我们提供了明确的品牌宗旨：“吸引新观众和产生更大的影响力。”传播活动便是以此为基础的。我们的目标是连接并激发更多的行为和更多身临其境的体验。

产品供应也非常清晰，随着世界极限运动会在市场和内容上的扩张，增加了从电影的打斗到飞跃摩托在内的新项目和活动。

于是，我们开始着手了解我们的消费者。我们的洞察方法在很大程度上都着重于两个主要目标群体：已经沉迷于极限运动的“狂热”粉丝和“双向”粉丝——会观看大型极限运动赛事的一般体育迷（主要通过电视）。研究这些消费者可以产生关于如下内容的关键信息：科技是如何影响他们的生活；他们如何消费和使用体育内容（以及为什么）；广播和娱乐趋势与他们行为的交集在哪里；世界极限运动会和所有竞技体育的现有交流情况是怎样的。

通过这个过程我们发现，狂热粉丝将创造力和个人修养作为核心动力，更多地连接在表述的次文化基础上；“双向”粉丝则将注意力放在了新闻价值性和更广泛的竞争精神上，更多地连接在竞技体育的基础上。

接下来，我们制订了参与计划。我们从了解全球消费者使用的技术手段（从具有互联网功能的电视到手机和平板电脑等）开始。同样重要的是，要了解他们如何使用与标准广播相匹配的技术手段。对我们来说，“第二屏”方法是成功发行的重要组成部分，而成功发行是通过明白第二个接触点所带来的价值实现的——让人们沉浸在体验中，而不是创建冗余的广播。我们的参与度洞察是建立一种将被动观看转化为主动体验的愿景。

很显然，我们必须在很多层面上进行“惊险刺激”，因此我们开始让世界极限运动会包含多种极限运动；我们让它成为各种动作的“家园”，其中包括让粉丝通过互联网平台来连接到更多的活动；这样不管他们在哪里，都能看到世界极限运动会——家里的沙发上、蒂涅的山顶或街头的滑冰场。

世界极限运动会本来就是一项非常大胆的运动，运动员们都在努力创造新技巧和打造属于自己的风格。正是现代工程和艺术表达的结合，激发了我们对全新的“世界极限运动会”互联世界的视觉设计。我们采用应用优先的方法来设计并专注于平板电脑和移动设备体验，从而确定我们的界面和导航风格。简而言之，就是确保世界极限运动会占据领先地位。

激发体验。我们从世界极限运动第二屏平板电脑应用开始，它给活动现场的粉丝和在其他地方观看并参与的粉丝提供了观看体验。我们以一种前所未有的方式连接了这两个目标群体。

我们引入的连接功能被称为“The HypeMeter”——一种用于测量比赛现场活动、家庭活动、社交和游戏的实时交互引擎（在世界极限运动会赛事期间进行直播），将世界极限运动会的每一刻都归为 1~100 间的某个得分。这是有史以来第一次，比赛现场的粉丝和在家的粉丝能够一同欢呼，并通过 Twitter、Facebook 共享网站和轻量级游戏的网站和应用体验来进行宣传。

通过使用相应的“宣传图表”，粉丝们一眼就能看到世界期限运动会中最精彩的时刻，并访问与最大的峰值相关的内容。这意味着 ESPN 有了添加分析社交层的新方法。

互联网体验的另一个主要功能是“Trick Track”，它是一种通过提供实时技巧名称、统计数据和结果来增添现场直播的第二屏体验——这意味着各个地方的粉丝都能获得全部的信息。因此，即使坐在家里的沙发上，你也会觉得好像坐在现场和裁判的位置上，可以让你更深入到比赛现场中去。

设计一个全新的世界是一回事，将它打造成一种交互式体验（使在家里的粉丝和在比赛现场的粉丝聚集在同一个场景）则是另一回事。我们认为这就是组织理念的力量。它启发我们去改变粉丝参与体育运动及其喜欢的运动员进行交流的方式。

这是前所未有的。通过在身临其境的体验世界中的“惊险刺激”，我们形成了一种从未意识到的参与深度。这款应用程序发布后，在 12 天内它一直是 iTunes 商店中最受欢迎的应用。在过去的一年时间里，所有的互联网参与活动（从独立访问量在网站上的停留时间、视频播放等）都增加了 1 倍多。

我们在世界极限运动会中的合作伙伴非常满意这样的结果：“人数比去年增加了很多。这对于品牌来说是巨大的成功，我们都非常高兴。”

应用组织理念是新的强大的营销理念。有了它，你就可以创建与四大支柱相连接的体验场景：品牌宗旨、产品及其定位、来自新定义的机会和洞察的情感层次消费者和行为层次消费者。下一步是体验场景的组织理念应用。这也是组织理念可以帮助确定渠道作用、故事情节连接和重要体验类型的地方。

10

形成故事场景摩天楼：当组织理念和体验空间有效地融合时

STORYSCAPING

STOP CREATING ADS,
START CREATING WORLDS

我们都知道，有些东西能够很好地配合使用，而且有时它们的组合要比单个元素更好。它是一个 1+1=3 的等式。举例来说，花生酱和果酱、咸味酱和奶酪、杜松子酒和奎宁水组合在一起会更好。这些组合要比连接更有分量，它们具有充满激情的放大效应。这就是我们所看到的组织理念和体验场景的融合。通过将它们组合在一起，我们就得到了一种更有意义的有效的故事场景摩天楼——一种可以连接到多个品牌标志或设计风格的故事场景摩天楼。我们实现了世界的创造，它们是通过相关的故事、技术和消费者能够沉浸其中的体验场景来连接的。

你已经学习了故事场景摩天楼的整体模型和方法。在这个旅程中，你发现了品牌宗旨、关键的情感洞察和行为洞察，并形成了能够实现这些价值的产品或服务差异化。通过连接这四大支柱，你激发了一种组织理念。现在我们要来介绍如何连接组织理念和体验场景，来创建一种故事体系并最终形成故事场景摩天楼。要做到这一点，我们就必须将注意力放在模式、组织理念和体验场景的新的应用上。然后，我们要用系统思维来创建一种故事体系并最终形成故事场景摩天楼。

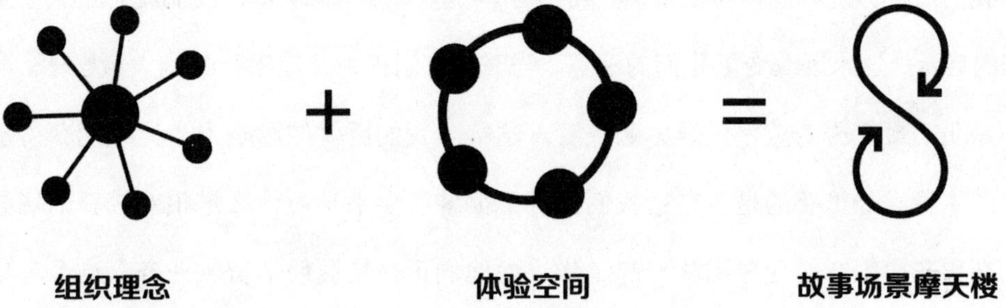

让我们深入研究一下体验场景。把它当成可以用于创造故事场景摩天楼的画布。体验场景是我们首先需要定义的 3 维画布。这个画布拥有的不只是物理环境，它还包含人们创造的虚拟环境。我们所看到的不只是产品体验和尽情享受内容。这个画布不只展示了消费者与渠道连接，它显示连接消费者体验的技术和平台的地方。有了这些元素后，画布就不只是媒体空间了，它还包括媒体渠道。我们必须改变对这一切的看法，尤其是旧媒体世界的看法。

媒体短视所带来的麻烦。我们通过强调故事，这是连接品牌和消费者的最强大、最长久的武器之一。我们可以使用的另一个重要武器是媒体。和故事讲述（被认为是一项永恒的技巧）不同，媒体的所有内容都是短暂的或者有一个有效期。一方面，作为我们周围世界一部分，媒体格局是不断发展变化的，我们的生活方式也是如此；而另一方面，人类的处境却没有随着时间而改变。人永远是人，但我们生活的世界每天都在变化。这就是“故事讲述旅程”不断发展变化的原因。久而久之，我们就依赖于从故事中学到的宝贵经验。然而，我们的媒体旅程并不是一次进化，它是一场革命。过去的做法、所谓的“最佳实践”、先入为主的观念和肌肉记忆效应会成为障碍。

我们对媒体的看法多年之前就已经开始改变。早在 2004 年，我们就有了关于媒体策划流程的启示，这永远改变了我们的观点。当时，我们正为花旗银行收购大量媒体。实际上，我们是北美最优秀的数字化媒体购买者。这给了我们巨大的影响力，让我们获得了非常有价值的体验。最重要的是，它给我们提供了很多机会来学习什么是相对较新的场景。当时我们在和花旗银行的业务团队一起工作，而他们正在拓展助学贷款业务。这个客户就象一位非常进步的思想家，他寻找的是“以互联网为中心”的合作伙伴。他的目标是年轻的大学生，他认为这些大学生是永远在线的。作为探索研究的一部分，我们让一群很有魅力的人用摄像机进行“街头”采访——小型民族志，与预期消费者进行简单对话。我们想快速、确切地了解学生筹集教育资金的方式以及他们的思维过程。因为我们大多数人（我们的员工和客户）都已经毕业好几年（或者很多年）了，所以事实上我们对这个问题的看法已经过时了。

当我们播放这些视频时，我们学到了远远高于我们预期的内容，而且它证明我们的观点确实过时了。我们假设“大学生会花很多时间上网”是完全错误。所有的媒体工具和我们先入为主的观念都告诉我们他们经常上网，而且所有的第三方研究也认可这个观点。但我们直接从学生那里得到的反馈是：他们根本不会花太多时间上网。他们有着非常活跃的生活：学习、聚会和进行室外活动。他们根本没有太多时间坐在电脑前（要记住，2004 年的时候，你只能通过台式机来连接互联网）。我们在这个发现的基础上进行了进一步研究，结果表明高中生会花很多时间上网——差不多每个群体都是这样。即使老太太上网的时间都比大学生长。

当谈到电脑使用时，我们的视频采访呈现出非常高的一致性——我们的学生使用电脑来访问 MySpace。我们都没有听说过 MySpace，而我们是被期望应该熟悉当前社会事件的人。实际上虽然他们来自不同大学， 但 90% 的受访者都提到了 MySpace。这个启示并不是洞察力的“遗珠”。对于任何愿意花时间进行提问的人来说，它都是非常明显的。它永远改变了我们看待媒体的方式。我们所学习的（系统思维概念的基础）就是了解现在的体验场景，而不只是过去知觉行为的媒体数据。我们周围的世界正在不断地变化着，而且媒体工具只是我们个人世界的一个子集，而媒体消费数据又是媒体工具的子集。简而言之，通过不完整且具有过时观点的数据库来定义画布，只能给你提供比较小的平面空间，而不是三维动态空间。这一发现的好处是什么？我们购买了 MySpace（从根本上来说是社交媒体的第一个广告）的第一个广告，真的非常有效。

重新使用艺术。在《广告狂人》时代，我们用手指和脚趾就能数出电视、当地广播电台和印刷出版物的数量。在媒体部门的那些人都是会阅读所有电视脚本的文化爱好者。我们要适应每个出版物的编辑日历。我们都是这些相同内容的消费者。这些人就是“代理商”。随之而来的是媒体机构的大规模出现和市场细分的立足，上百个有线电视和数百万网站在一夜间突然出现——这些都改变了媒体投放场景。要达到对市场的这种把握程度几乎是不可能的。

现在你可能会像下面这样描述一位 20 多岁的策划人。他会坐在屏幕前，有如下的人口学特征：24~30 岁的男性，年薪 5 万多美元。他可能还会有一些心理学特征：喜欢钓鱼；另外你还会加入一些更为详细的信息：去年刚买了一辆车。点击“回车键”并等待（一纳秒）就能获得一份媒体中心名单，它是关于“目标受众”的名单。然后，他会发送这些“正好合适”的信息来提出征询方案，还会收到一些报价并创建一个关于媒体购买的电子表格；

然后，对这份电子表格进行调整。最后，将这个电子表格制作成 PPT 之前会进行一些调查和协商，然后会将它交给客户来等待批准。我们这样简单陈述是为了证明论点的正确性，但这里的艺术在哪里？洞察力和科学在哪里？它存在着很明显的缺陷。建立在另一个假设基础上的假设并不是科学。这就是所有可能的媒体渠道和该数据库中所有可能的体验或交互吗？ MySpace 肯定不会是这样的。

我们强调了一点：我们不应该只依赖媒体策划数据库，媒体格局的变化如此之快，以至于你今天写的关于这个问题的书在明天就会被当成史书；而且媒体渠道只存在于消费者的一部分世界中。我们需要走出办公室，站在消费者的立场上来总结和了解他们的世界（他们的体验场景）。那样我们才能定义创建故事场景摩天楼的画布。我们重申一次：媒体计划不是画布，它只是其中的一小部分。

盘点体验场景。虽然我们认为“付费、自有、免费获得”的媒体要远远好于维持现状，但即使这样也不够完美。我们认为它与你对体验空间的看法更一致，但仍有不足。对于我们来说，比较世界是围绕产品生态系统建成的还是围绕消费者生态系统来创建体验场景模式这两种观点时，就会产生明显的差距。考虑一下：这种看似很小的背景转变如何发挥类似于 MySpace 对 2004 年的大学生所发挥的作用。这种差距也存在于连接规划中，因为它是通过“品牌产生消费者”的视角，而不是“消费者产生世界”的角度来完成的。我们的目标是了解消费者的世界，并利用获得的知识来创建一些产品 / 服务被邀进入消费者世界的方法。

在第 8 章，我们展示了主要的研究工具和方法，用于盘点包含品牌和潜在消费者之间的所有关键接触点的清单。通过将这些结果与媒体策划数据结合起来，你最终能得到一份包含所有内容的清单。你会拥有有价值的消费者旅程地图，它是以矩阵形式存在的。这是来自连接规划的巨大飞跃。你现在拥有了对消费者世界的当前看法，它远远超过了付费媒体。现在面临的挑战是重点和优先级。我们的时间、预算和人员都是有限的——我们怎么可能做这么多？重新制作一个电视广告是不是更容易呢？正因如此我们相信它是故事场景摩天楼方法的实际价值。

实际上，我们得到的对故事场景摩天楼特定维度的反馈非常棒。虽然我们不相信你可以用一个电子表格创建出伟大的品牌，但我们要强调的是利用电子表格会非常方便。显然，企业正在追求互联网世界提供给他们的战略、渠道和需求数量。预算的增长速度远远赶不上企业认为他们需要跟进的物品数量：“我们需要一个 Facebook 账户。不只是一个，每个产品都需要一个；我们应该用 Twitter、Instagram、Vine、Tumblr 做些什么？我们需要更具移动性；这个应用在哪里？追加销售怎么样？不要忘了 YouTube！我们应该这么做，并建立自己的渠道……”这个很戏剧化吗？有一点戏剧化。是真正的挑战吗？肯定是！这种模式有助于你应对这个挑战。

重视还是忽视？我们应该关注哪些接触点？我们应该用 Pinterest 来做些什么？我们应该重新设计我们的网站，还是应该关注我们在 Facebook 上的表现？我们的移动平台有效吗？这些都是需要询问的具有高度相关性的问题，它们为更宏伟的宗旨服务，而不是创建和传播更多内容。如果你能了解当前的消费者环境和体验，那么所有这些问题都很容易回答。你可能想知道如何处理非线性体验路径，并减少用于创建内容或建立互联网或物理体验的接触点数量。或者，你可能正在尝试掌握消费者世界中渠道的作用。

我们的目标是定义体验场景模式，让它能够建立动态适应、调整和演变。我们稍后会详细介绍这部分内容，但现在我们需要了解并深入研究创建故事体系的阶段。它们是：

1. 挑选：列出所有现有和潜在的接触点或渠道。
2. 评分：通过数据集来添加优先标准。
3. 标记：确定与记录得分、类型和角色相关的渠道作用。
4. 激发：连接组织理念，并激发故事、策略、系统、平台和解决方案。
5. 优化：用技术和消息来连接这些点。

这是一个非常简单的过程，但其价值在于你如何管理每个阶段。

1. **挑选**：我们的目标是要列出所有可能的接触点。正如本章之前所讨论的，你会利用第一手研究资料和媒体规划工具来优化这个列表，并确保它与当今的消费者密切相关。利用机会分析图、体验模式和消费者旅程来了解可能的连接和交互点。使用与实际数据相关的媒体工具来建立一个完整的接触点列表。将它们列出来（可能会使用电子表格）。
2. **评分**：这就是战略分析发挥作用的地方（要注意的是，以下示例表中的标准——每个到达率的成本、参与度、影响等只是用于说明，有一些常用的数据点是可以用于评分的）。根据你正在尝试完成的内容来建立一系列相关的数据点和得分权重。显然，它们需要包含品牌或产品的维度或有效性，这些来自对消费者和洞察力的了解。当然，你总是需要一些参与维度，因为这是故事场景摩天楼的基本元素（我们正在其中创建需要参与的沉浸式世界）。如果这是实现商业目标的最佳方式，你可能还会考虑使用参与程度来计算消费者的参与度。另一个维度可能包括在消费者旅程中对他们的情感影响。你的最佳方式和标准应该从逻辑上进行调整，以确定哪些接触点会支配你的故事场景摩天楼。

将这些维度和评分添加到这个电子表格中。从本质上来说，你将会通过接触点和渠道来建立积分卡，以便确定相对优先级。

我们最终的目标是根据实现自己目标的有效性来确定渠道和接触点的优先级。例如，假如你正好有一个老式的、众所周知的但可能声誉不佳的品牌和一个需要体验的全新产品/服务。为了改变人们的看法，你可以使用最大的参与度来设置你的模式，从而优化每个到达率的成本。让我们以“全新设计的、闪闪发亮的新车”为例来进行探讨。用 1~10 来表示参与度得分。最高水平的参与度情况是：真正坐在这辆车里、用双手握住方向盘、闻着皮革的味道、在经过试驾过程中的最后一个弯道时听听发动机的声音——这种体验会得到 10 分。如果在查看工作邮件时遇到一条横幅广告，其体验得分就会是 1 分。相对而言，电视广告的得分为 5 分，而一个非常棒的电视广告的体验得分为 6 分。

建立你的体验空间：电子表格示例

可能的接触点	优先标准 *				故事体系
	到达率	成本 / 到达率	参与度	影响力	
网站	4	6	8	9	城镇中心
广播	8	3	3	3	路标
搜索	7	5	1	2	路标
拼趣	1	9	5	4	环岛
Facebook	3	7	4	5	终点

*** 示例标准：**应该根据品牌和商业目标进行定制。

这种方法的强大之处在于你可以根据性能数据来动态调整得分。媒体世界和其在连接和参与方式中的作用在不断变化，因此这应该是一个动态的方式——而不是一个计划或被搁置的地图。让它成为动态的，发现你的故事体系和优先级，并逐渐使其与可行的和不可行事情保持一致，或者作为你改变内容、系统和平台的故事体系结构和优先顺序。

3. 标记：正如刚刚所说的，我们通过记分卡加强了这个“并非所有的渠道或接触点都相同”的观点。除了效果、成本和你评分的其他维度，它们在本质和在体验场景中所起的作用也不相同。在最广泛的层面上，我们可以通过它们相对于彼此的作用及参与的深度和类型来定义渠道。我们创建了一个简单的框架，因此我们可以用它们的最佳角色来标记接触点和渠道。

这一步非常重要，你必须这样做才能构建一个故事体系。可以随意更改语言，让它适应你的风格。

我们设想了一种道路系统来说明故事体系：每个都有路标、环岛、终点和城镇中心。要记住的是：我们的想法是要确保消费者旅程没有任何死胡同。所有的道路都通向“城镇中心和终点”，你可以在这些地方与其他人进行交流、参与到这些内容中，并购买你需要或想要的任何东西。你喜欢随意给这四个因素命名——只要你了解这些元素要发挥的作用及其原因即可。

路标。这些是最容易理解的，因为它们在很大程度上都类似于传统广告——只是它们不会以句号结束。它们总是会通向其他地方，这就是为什么它们需要以逗号结束。它们有明确且非常重要的工作要完成：它们必须激起人们的兴趣并吸引他们来与品牌接触并促进体验。总到达率、每个到达率的成本、频率和影响力会在“其中哪些广告在把它放到你的计划”方面发挥巨大的作用。这些广告用于建立知名度、驱动购置、最终让人们能够有更大的参与——就像一个路标一样。这些可以包括电视、广播、印刷出版物、广告软文、户外广告、展销、广告横幅、搜索关键词等。你应该明白了吧。

环岛。这些是消费者或潜在客户在他们的旅程中可能会通过的地方。它也可能是他们寻求与品牌世界相关的信息或灵感的地方。要记住的是：你可能没有时间或预算在每个点都建立重要的体验，这些点是品牌和消费者可能建立关系的地方。因此，你发现的一些根据设置和评分标准的接触点可能就没那么重要了。举例来说，你可能发现你的消费者是 Instagram 重点用户，但根据优先标准，Instagram 并不是你选择用于投资这项措施的地方。相反，这些结果告诉你应该在 Facebook 上进行大量投入。在这样的情况下，你很有可能会忽略 Instagram，因而创造出“死胡同”体验。在故事场景摩天楼中，我们会在 Instagram 上建立轻量级的内容，用于链接或指向 Facebook。这样，消费者就会保持与故事的连接并在不会迷路的情况下通过环岛。

城镇中心。这些是人们聚集和事件的发生地——商业中心。在你完成对所有可能的接触点评分的过程后，就可以将它们归类为可能、非常有可能和最佳。最佳接触点是我们标记为“城镇中心”的地方，这是当你创建令人难忘且身临其境的体验时，将大部分资源集中的地方。在下一章，我们会花更多时间来描述“被出售的世界”。

正如我们在前面所说的，我们将在电子表格中包含这些标记以供参考。

4. **激发**：我们已经为被互联网打乱的世界重新设想了连接计划。当我们将故事应用于全新的连接计划时，《梦幻成真》中“你盖好了，他们就会来”的承诺就会实现。

在这个阶段，你必须保存、优先处理并标记体验场景（你的画布）来最终满足你的商业目标。这时你的组织理念就会开始发挥作用。获取所有你看作是概要重心的接触点。例如，假如你是可口可乐的老板且你的组织理念是“畅爽开怀”，并且其中的一个关键接触点是自动贩卖机，那么你和（或）你的团队会提出什么好想法呢？现在我们就能明白组织理念的交点和价值，以及它如何与故事体系保持一致。

通过了解接触点（终点、城镇中心等），你就能更好地构建连接、吸引、分享等与消费者相关的理念和技术。在行动中，你会找到一种考虑理念在故事体系中的作用的新能力，而不只是扩展理念（或者更糟糕的是，为理念找到“匹配行李箱”）。

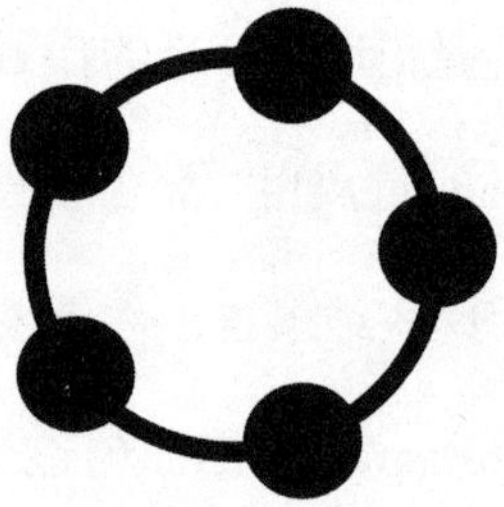

体验空间

你还会意识到这种方法能让你在每个接触点上都有神奇的体验。为什么？因为你已经定义了与消费者有关的组织理念，而且你也没有强行将理念付诸渠道。相反，你将渠道看成是新机会。你最终会得到一种与故事、品牌和故事相连接的不同体验。这听起来开始像是故事场景摩天楼了。

5. **优化**：不管你是否信仰宗教，钦定版《圣经》（*King James Bible*）都是关于故事体系的一个好例子。根据图书大小和类型的不同，一本《圣经》大概都是800~1 800 页。很少有人会从第 1 页开始，按顺序读完这 1 800 页的《圣经》。主要原因在于《圣经》

的结构。《圣经》既是一个故事，又是一系列故事——这就是故事体系。关于通过《圣经》传递的故事，其组织理念可以被描述为："从开始、中间和到结束的人际关系。"我们并不是特别信仰宗教，因此我们认识到它可能是相当普遍的，但我们确信你已经明白了我们的意思。你可以打开《圣经》的任何一页并阅读其中的一个小故事，其本身就有情节、人物和叙述角度。每个故事都有一种寓意，最值得注意的是：每个小故事或"体验"都是为组织理念服务的。

重要的是了解故事场景摩天楼和全方位营销（360 度营销）的区别。在全方位营销中，我们用相同的消息或各个角度的"匹配行李箱"来有效地轰炸消费者。在类似于《圣经》的故事体系中，每个故事都不是相同情节的不同迭代；它是自己的故事，服务于更大的故事。

连接故事和行为体系。我们要探讨的最后一步是统一你讲述的故事、创建的内容、消费者的体验和他们对品牌的参与。有了想法、故事以及优化的故事系统，我们就可以更有效地考虑渠道和接触点之间的连接点。你可以将其看成是在故事中加入"逗号"，这样故事就不会结束，并且可以启发和促进相互之间的连接。记住故事场景摩天楼定义中重要的一点："…… 其中每个连接都能激发参与其他连接 ……"现在是时候帮助促进和激发这个急需处理的方面。我们意识到，消费者在控制着如何与故事进行互动。这是根本，不会发生任何改变。作为营销人员，我们的任务就是要激发消费者旅程并在力所能及的地方开启它。

首先要查看每个创意和接触点，并探索它如何与另一个创意和接触点进行连接（不管是消息还是系统上的连接）。从最基本的层面上来看，它是典型的行动号召，例如"访问我们的网站"。它也可能是你使用技术创建的解决方案，就像用于连接个人资料和照片的

EpicMix 故事中所使用的 RFID 芯片。我们应该像第二个示例那样，总是寻找“逗号”。

你可以通过询问“消费者参与到故事中的动机是什么”来进行更深入的探讨。返回你发现的消费者洞察，观察它们是如何被用于创建这些连接的。当你开始考虑连接原则和动机时，你就可以开始制定故事情节并连接故事体系中的这些点。这些连接会形成一个完整的故事场景摩天楼，即一种身临其境的体验场景，这可以激发相互间的连接并让品牌故事成为消费者故事的一部分。

团队系统的系统团队。对于系统思维的一系列阶段有两点需要注意的：第一，它有助于建立多个相关学科的协作团队，我们将在第 12 章详细介绍这部分内容；第二，测试和学习。建立自己的方法和故事体系，它是动态的。随时准备开始进行改变。要能够适应性能差异，正如行动号召或数字化广告中的登录页面那样。最常见的做法是在互联网环境中进行“测试和学习”，这样你就能让价值最大化，但不要就此打住。考虑一下如何在每一点对故事体系进行优化。

将它们全部结合起来。你现在已经具备了如何创建沉浸式故事场景摩天楼的基本概念和工具。但愿通过阅读这些章节，并根据我们的指示和对现实生活中示例的观察，你不仅学会了如何认识它，还能通过系统思维进行组织并通过故事了解其含义，从而能够发挥它的力量。

这些都是基础知识；我们将在下一章探讨如何创建测评计划、如何评估体验的回报，以及如何规划可感知且可适应世界的使能技术平台。

11

销售的世界：构建一个可感知和可适应的故事场景摩天楼

STORYSCAPING

STOP CREATING ADS,
START CREATING WORLDS

无论你是企业家、老板、营销人员还是代理商，归根结底，你的角色都是创造认知和/或转变行为。我们创造的这些世界最终都会转向驱动商业。这是通过创建品牌偏好或建立知名度、争取新消费者、交叉推销产品和服务、专注于客户维系、鼓励狂热的客户代言来进行规划的。

创建可感知的世界。消费者的世界（即日常体验）是富含感知、态度、期望、信仰、互动、行动、行为等的生态系统。企业只能采集、记录并测量其中的一小部分（但非常有用）。我们正在通过故事场景摩天楼改变这一点，让它能够在营销中实现动态应用。同样，我们将会探讨创建销售世界的 5 个视角：工具的生态系统；可适应的世界；品牌回应；营销组合最优化和故事场景摩天楼的回报。

过去，我们通常会利用调查数据、销售点数据、购买记录、人口统计特征和非常有限的消费者心态学。我们现在可以扩展这个开口了：从大范围的消费者接触点（物理和互联网）来汇聚新数据和指标。我们不仅可以测量周围的人，还可以测量地点和事物。我们正在将该方法修改为现实世界中的网站风格分析，来提供可操作的、“实时的”现场实验室和真实的工作平台。

如今，我们通过创建全新的、战略上非常重要的专有数据源（来自消费者与事物和地点的互动及体验）学到了更多的内容。正如第 8 章所讨论的，我们使用传感器和其他现实生活中的工具来收集和处理信息，以便更深入地了解当今消费者的行为。除了定性和定量数据外，还包括社交监听。这些研究的组合为我们提供了一个更为全面的画面。我们还可以创建动态的行为、互动、背景和市场模式，它们都与分析工具的强大生态系统相连，以便让我们了解其含义。

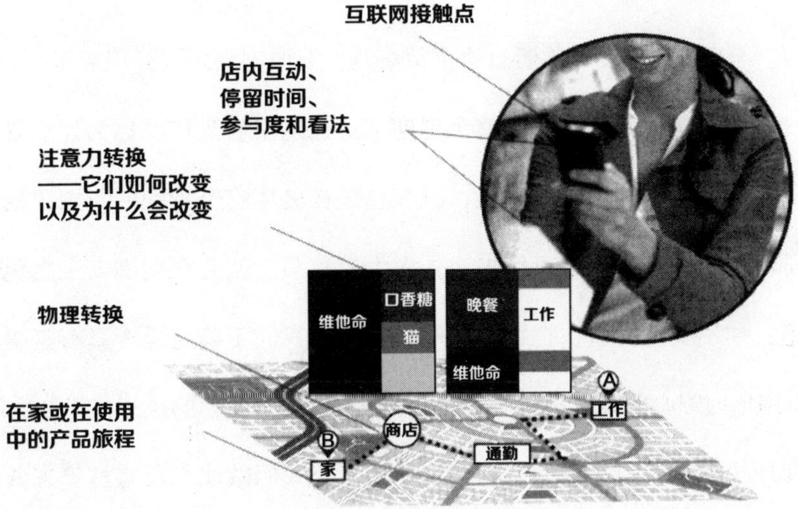

创建仪器生态系统。最近我们专注于将相关的传感器长期部署到日常生活或设备化生态系统中。这为产品、服务和传播的长期演变和发展提供了一种专门连接社区的方法。听起来很复杂？观察之前我们所描述过的行为和心理模型的覆盖图。这些数据点很容易从安装有设备的社区中获得。假设你有关于消费者如何消磨时光的第一手资料。这些资料是否有助于你创建更好的体验、更相关的传播，或者是更有用的产品和更有效的故事场景摩天楼？我们认为它能够做到。

创建可适应的世界。快速适应世界的概念包含两个维度：第一是改变一系列体验，来更有效地推动类似于“让更多人购买”这样的行为；第二是改变一系列体验，来创建更令人难忘的体验。你需要在故事场景摩天楼中有效地做到这两点，但有时它们是不一致的。以下是我们用于教网页设计师如何看待这种冲突的简单故事和示例。

我们会以一个问题开头：“你听过这个故事吗？”迪士尼乐园开门后不久，沃尔特·迪士尼就走向一名管理员并问道：“我整个星期都能在这里看到你。你为什么要一直补种这些花呢？”这名管理员回答道：“先生，游客总是在破坏这个特别的花圃；他们把它当成了到达小卖部的捷径——但完全不用担心，先生，我马上就会在周围安上白色的篱笆。”沃尔特回答道：“不要弄篱笆，把路铺平吧！”虽然我们不确定是否真有其事，但它可以用来说明“以用户为中心的设计思想”。我们发现，我们所面临的挑战是“激活自然行为”，而不是“转变或操纵”行为。我们认为更难的是，让人们做他们没有打算去做的事情，并获得良好的体验。

关于沃尔特·迪士尼的内容只是一个故事，而现在我们要用现实中的示例来说明这些陷阱。我们来看一下在线信用卡应用。如果你问 100 个网页设计师、信息架构师和用户体验设计师，那么其中90个人都会告诉你：只有包含一个步骤、一个页面以及相当少问题的应用才能提供“最佳体验”。如果你问100个消费者相同的问题，他们也完全同意这个观点。然而，事实并非如此。实际上，业绩告诉我们包含3个步骤的应用才是最佳应用，甚至一个包含5个步骤的应用也能让消费者有更好的体验（他们会从头到尾认真填写，直到申请账户的最后一步）。

我们的行为洞察是：要求身份证号会“破坏交易”，因为人们会变得紧张，并放弃整个过程。也就是说，如果进度条显示你正在进行最后一步（共3步），那么你就很有可能会点击“提交”按钮；这就意味着会有更多的新客户。如果很难让专业的网页设计师来连接绩效营销，你可以问问自己：这个陷阱是否会发生在你的组织中。管理互联网性能的团队关注的是“可用性”还是销售?

第二个维度是我们可以对创意、报价、布局、时间和命名进行多变量测试。行为定位、分时段和个性化不应该沦为“搜索”和“网络化展示”营销。物理的和虚拟的世界以及用于测量、移动内容、提供服务和支持的技术都是被连接的。想一下百货公司中各个门店的橱窗展示。我们为什么不能测量它们对销售的影响并加以充分利用呢？网络化展示并不是必需的。同样，旧海报和服装模型仍然有用。只需要几台相机和一些便宜的软件，我们就能跟踪有多少人走到每家商店的前面（印象），我们还可以估算出男性和女性的数量以及他们的大概年龄。我们可以观察他们是不是一个人，或者他们是否已经购买了其他商品。我们很轻易就可以判断出他们是否在这个橱窗附近徘徊（参与），当然我们还可以判断他们是否会走进这家店。通过更多的工作和调查，我们甚至可以确定他们是否购买了商品，并计算出他们的平均消费。所有的这一切都是可能的。如果我们拥有这些网络化展示屏，我们也可以给它们提供内容——想象一下这种可能性。我们可以定制这些橱窗来推销我们积压的库存，我们的系统报告证实我们正好坐在后面的存储区域。我们可以测试创意。我们可以优化平均消费。如果有人停下来看这个展示屏，我们就可以通过提供更多内容来加强他们的停留体验。对于你的公司来说，有多少这样的机会？

技术人员不应该只去创建那些估计会出现哪些创意的平台。他们必须成为创意团队的一部分，去想象有哪些可能性存在。收集数据是一回事，但使用实时数据作为可操作的洞察和触发器，去优化回报及增强体验（通过技术）则是故事场景摩天楼的全部内容。

品牌回应的世界。你是以“品牌为中心”，还是“以回应为中心”的营销人员？在过去的十几年里，我们观察了不同的消费者（大大小小的消费者、新旧消费者），他们总是会倾向于其中的某种方法，但我们几乎没有发现任何一个营销人员真正打破了这些界限并将这两个世界连接起来。我们认为这种类型的连接思维可以塑造最好的营销人员。当被问到这个问题时，大多数人都会立马跳起来说他们就是少数拥抱这两个世界的人，而我们总是会面临这样的挑战。了解和领悟品牌和直销之间的差别是一回事，但真正理解这两者之间的依赖关系则是另一回事。这就像是左撇子或右撇子；人们总是更偏爱其中的某一个。在这个全新的故事场景摩天楼世界中，真正的机会在于连接。如今，总是有人会注意到某个产品，然后对它做进一步研究，并使用智能手机来购买它——总共只需要几分钟。我们已经意识到，不只存在品牌营销和直销，其中间还有一些很棒的内容，我们将其称为品牌回应。

打破品牌营销思维和直销思维之间的界限只是开始。此外，在需求挖掘、需求收集和需求满意度之间还存在着需要进行管理的关系和平衡。故事场景摩天楼需要打破很多界限。需要进行很多协作、跨渠道和学科的连接。因为很多企业已经发现他们正面临着相互关联的重大战略问题，所以我们建议你主动选择模糊这些界限。

连接传播和商业的世界

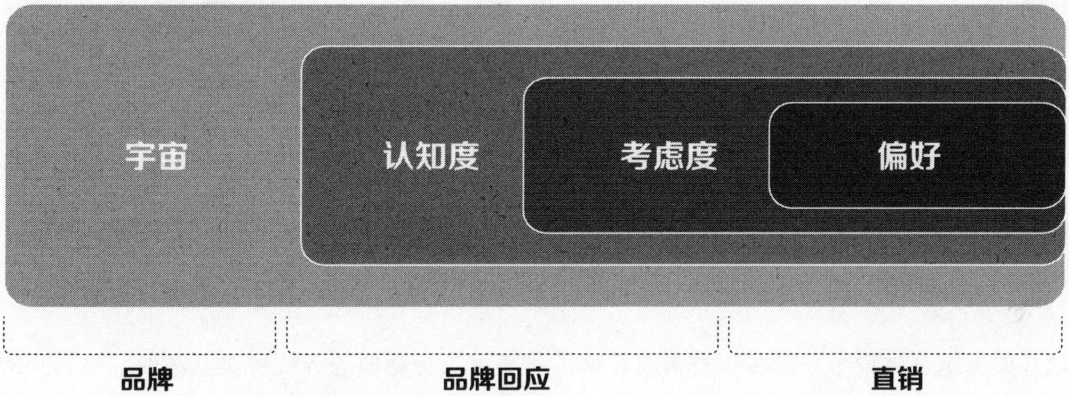

当通过连接创建的价值可以掩盖所有核心能力时，我们就已经到达了某一点。进一步思考一下：如果不理解体验的作用、不使用从分析得出的洞察并利用技术的力量，你能创造出良好的传播吗？如果没有利用故事的力量或者掌握某些实现技术，你能创造出身临其境的体验吗？消费者可以随意穿过物理和虚拟场景以及情感状态。因此，你也需要这么做。这就需要一系列全新的、不断发展变化的技巧。

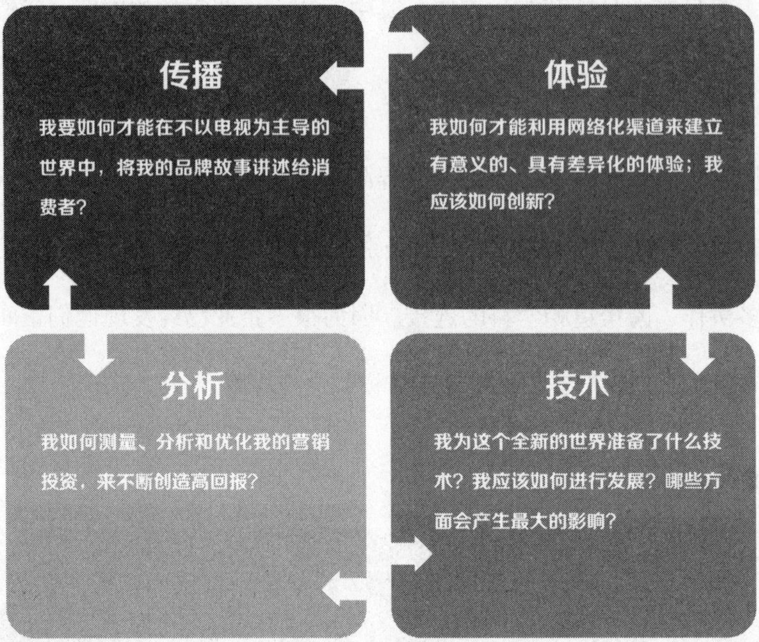

媒体组合建模和营销组合最优化。在第 10 章，我们讨论了盘点库存的基本需求，还根据商业目标优先处理了接触点。我们发现有必要避免媒体的短视，并与更广泛的圈子合作。从最基本的层面来看，即使你有办法采用先进的建模工具也是如此。要避免将太多的精力放在媒体组合建模上，以加强营销组合情报。媒体组合建模的传统解决方案面临着真正的挑战，例如依赖泳道分析。如果你沿着这个方向继续走下去，那么你仍然需要捕捉跨媒体的影响，并导致无法确定离线和在线如何进行合作。如果没有可比较且相互一致的标准，你永远都无法得到关于市场的真实而全面的看法，而且洞察力的产生也会非常慢。

营销组合建模的进步可以回答我们的一些问题：社交和非传统市场营销如何扩大其他渠道？什么是跨越渠道和措施组合的营销效率？什么是通过非传统营销渠道的投资（或价

值）回报？因为这些信息实际上是跨渠道的，所以它提供的结果是真实全面的。除了对销售的直接影响，我们还可以估算整个体验场景的互连性。这还包括在网络化媒体中的“自费、付费和免费获得”媒体，它们遍及整个媒体渠道。当你可以清楚地了解和比较这些影响时，你就不会再低估其中一个渠道的删除对所有渠道的影响。这将促使人们制定更有效的决策。

衡量故事场景摩天楼的回报。在本书中，我们分享了故事并深入了解了这样的事实：数字革命宣告了互联网时代的到来，随之而来的是我们日常生活中体验方式的改变。电子和互联网技术的不断扩展使得这种转变及其带来的后果依然没有减弱，它给我们带来了计算和传播工具，例如智能手机、平板电脑、社交媒体和几乎我们可以想到的一切。所有这些让我们可以继续拥有各种全新的互动、活动和期望。

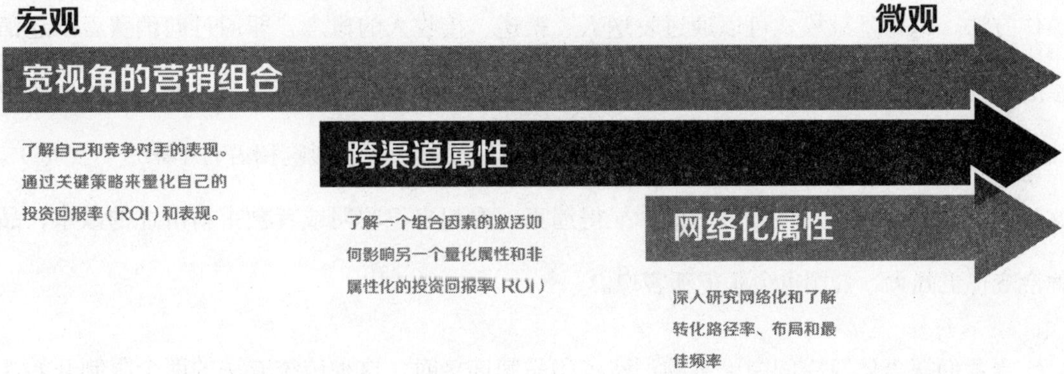

对于营销业务和企业营销来说，网络革命也迫使我们重新审查基本假设和模型：品牌如何连接消费者，最重要的是，我们如何对其进行测量和估算。我们长期以来坚持的前提（企业单方面控制着产品，消费者只是我们精心设计的信息的接收者）已经不再有效。控制的平衡已经转移给拥有很大期望的消费者。这是在创造以更加复杂的方式来塑造期望和体验的需求，更重要的是，创造更好的方法来估算所付出的努力。

市场营销的结果是：我们从由推动驱动的、传统的以品牌为中心的观点转向了体验和连接体验（由品牌和消费者共同拥有）的参与性经济。因此，我们还必须重新设想应该如何测量投资价值。

人们还对技术(媒体和渠道本身)的作用和它如何成为营销实务中的决定力量争论不休。有些人争论说，与营销相关的技术（电视、广播或其他大众媒体 / 渠道）在很大程度上决定着如何进行营销（包括各种形状和大小的产品和品牌）。几十年的实践已经逐渐形成了关于企业—消费者的组成部分（品牌、产品、消息、企业、媒体、接收者和观众等）如何与彼此相连的结论。随着时间的推移，通过大众媒体和大众渠道推出的广告已经成为一种操作方法。这种基础模式可以通过发送人、渠道、接收人的概念，即通过向消费者推送消息的过程来描述。在这种模式中，消费者被假定为产品或品牌故事的接收者，并被例示为“眼球”、“目标”和“观众”（必须被渗透，然后通过回忆、影响和占有率来进行测量）。这种方法在下面的情况下十分有效：显得逼真、看起来很聪明或者被重新讲述的故事；品牌会变得更强大，公司也会获得新客户。

当我们探索体验空间中更多的消费者和品牌连接时，这种传统方法的两个限制开始浮现出来。第一个是在媒体本身的限制。我们并不了解在推送后到底发生了什么。这是一个“发起后就会离开”的世界，企业对消费者故事的了解只停留在表面。从某种意义上来说，我们只需要知道这些就够了；这些报告足以回答下面这些问题：有多少消费者目标提高了品牌的知名度？有多少潜在的客户成了我们的消费者？

然而，即使是企业也想知道推送后发生了什么，他们无法了解更多是因为受到媒体性质的限制。在静态媒体和渠道的推送世界中可以知道些什么？在移向以新方式进行连接（社会和数字化）的消费者时，企业更需要开发出新方法来连接他们的消费者。

第二个限制是人们都是消息的被动接收者这个隐含的假设。他们就是如此。他们愿意参与到与品牌、产品和服务的体验世界。人们愿意使用这样的产品：企业生产和销售的、能通过讲述故事告诉别人他们是谁。通过这样的讲述，人们可以获得其他想法，他们可以发现要做的新事情和说明他们是谁的新方法，他们总是在寻找某些方法来让这些故事保持新鲜、变得更好和更吸引人。这就是为什么我们需要了解他们、他们的信仰和准则以及语言。

超越推动和拉动

对称的——企业和消费者所拥有

怎么做

参与平台 + 组织理念使企业成为故事推动者和扩展者。企业为体验创造条件。持续性、病毒式、一直存在。

评估和测量

对人、地点和事物的体验；互动；感知

目标

连接消费者。相关 & 有意义

测量——它是新潮流吗？我们已经介绍了用于识别商业和市场营销新格局的测量模式。它建立在仍然有效的旧模式上，是通过添加一种思考、优化和测量体验价值的新方法来创建的——创建故事场景摩天楼投资的整体回报。

用于通过故事场景摩天楼来连接品牌和消费者的方式转变是一次平行的转变，它能提供全新且更好的方式来测量这些连接并对其建模。这些有助于我们绘制出更精确的消费者体验。

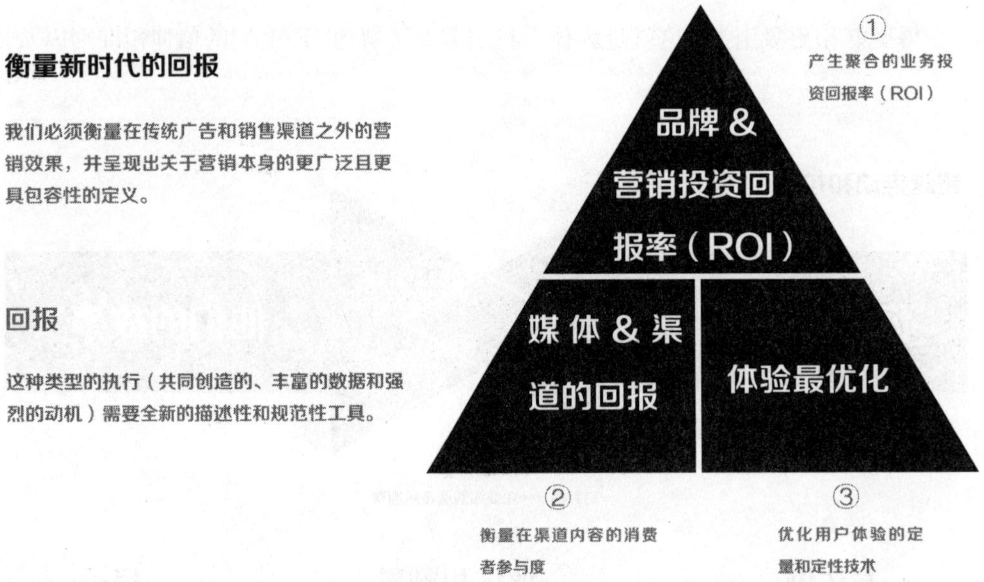

前面的模式显示了企业如何通过体验来创建价值，以及这个价值如何被跟踪并以个人时刻来衡量。它是由 3 部分组成的：

1. 评估故事讲述和体验措施回报的总量；

2. 用于提供更详细、更精确的渠道效应画面的下一代市场营销组合和跨媒体分析；

3. 用一种全新的参考、测量工具（如传感器技术）来更精确评估体验的体验测量框架，它能在挖掘洞见的层级上产生全新形式的消费者行为数据。

品牌和营销投资回报率（ROI）。首先，我们来讨论一下品牌和市场营销的投资回报率（ROI），它是用于从总体上评估回报和效益的各种商业分析。这些都是典型的测量，例如投资回报率（ROI）分析、市场占有率、成本 / 效应或平衡记分卡。

耐克在整体上讲述了一个引人入胜的故事。在过去 3 年里，耐克的印刷出版物和广告费用减少了 40%，但他们的年度营销预算增加到了 24 亿美元（据美国有线电视新闻网财经频道 2012 年 2 月 12 日报道）。耐克的钱都花在了什么地方？这些钱用于建立让消费者体验产品、网络化环境、应用和网站的生态系统。耐克网络化运动的副总裁斯特凡·奥兰德（Stefan Olander）这样解释支出的转变："当一个星期内有数百万人返回来重新连接你的品牌时，你就会意识到这种连接要比传统的推送式营销信息更有价值、更强大。"他谈论的是耐克体验的价值。如果你能让消费者在一个星期内多次参与到你的品牌中，那么这种效果要远远超过任何传统的营销活动。

使用我们的模式就能看到更大的画面。耐克并没有从他们的媒体花费中得到足够的回报，因此它转而在体验中花费更多。这提高了媒体和渠道的回报率，让一切都变得更高效。体验回报（RoX）的提高让他们增加了这项支出，从而带来了最大的投资回报率（ROI）。

奥兰德还说道："耐克在两亿人共同收看超级碗的那天拥有最多观众。但自从有了自己的网站和社交媒体社区后，我们每天都能打破这个记录。”

媒体和渠道的回报率。我们模式的第二个因素是处理媒体和渠道的回报率。媒体组合建模方面的最新进展是采用先进的下一代算法（数学模式）来量化市场营销的跨媒体效应。

从传统上来说，媒体组合建模测量的是某个给定渠道对销售的直接影响。然而，如果我们在这种情况下利用新时代思维，认为它能领悟体验如何连接媒体，就会发现传统思维中的缺陷。各种媒体和渠道平均每天都会有数百个接触点，但这些接触点都不会发生在认为自己有跨渠道体验的人们身上；他们只是在过好每一天，活出他们自己的故事。

我们需要全新的媒体测量工具来有效地优化跨媒体，并与人们的生活方式保持一致。通过这些能力，例如 (m)PHASIZE（麒灵广告的一个分公司）的营销组合建模工具，我们可以完成定制的专门工具和服务，用于帮助营销人员根据他们的日常行为和对生态系统的反应来做出最佳的预算分配和规划决策。创新的预测模式让你可以进行假设场景分析，它能够模拟目标消费者对于不同情况的反应。当从品牌和类别层次来考虑传统媒体（广播、印刷出版物、电视）和数字化媒体（搜索、展示、社交、移动）之间的相互作用时，它就会将跨媒体的影响量化。这种多角度方法允许消费者连续测量和调整营销投资，在如今的动态市场中产生增量式投资回报率（ROI）。

体验最优化。先进的媒体分析技术驱使我们进一步通过媒体和渠道来调查消费者参与，但它仍然没有提供对渠道或媒体行为的洞察。围绕着媒体和渠道来优化预算只会将人们吸引到拥有平庸体验的地方，这只是白白浪费精力并会让我们错失机会。

因此，我们应该扩展测量体验的能力，并优化构建它的方式。需要再次声明的是，耐克的斯特凡·奥兰德提供了一个很好的示例，用于说明理解对方的价值：“我们并不是从技术或潜在利润开始的，而是从运动员开始。我们认为这是一个很重要的区别，因为当你这样做时，其他的一切自然都会随之而来。”

目前用于评估体验的方法并不能公平地对待人们的行为、与他们交流或感受（和理解）世界的细微差别和范围。大数据时代存在着大量的信息，但大量的数据本身并不会讲故事。我们需要辅助的和全面的数据。这些数据有的来自人们的行为方式（有很多来源），有的来自他们使用的数据和居住的环境中。

正如在第 8 章的某些故事中所讨论和说明的那样，日常消费类产品（家、办公室、零售店面、民用基本设施，甚至是自然环境）都具有传播能力。通过传感器的应用技术，他们就能提供大量的详细数据，这是前所未有的。这些数据可以被单独使用，也可以与其他定性或定量来源相关联以提供全新的商业智能，从而将这些全新的信息途径变为真正的商业价值。这样能实现更深入的细节，当世界和人们改变时它也会随之改变。精细的数据、先进的分析和可视化工具可以创建出更好、更快、更便宜的数据，这样我们就能在品牌和消费者之间建立连接了。

达到了人们认为他们有权完成他 / 她想要或需要完成某些事情的程度。故事场景摩天楼能多好地支持用户目标或任务？

如何才能轻松地与其他人连接或分享体验呢？如何才能轻松地成为这个故事的一部分，或者对这个故事产生影响？

达到了人们能够在正确的时间、接收正确的内容和功能的程度。

达到了人们能够识别有意义且与情感相关的故事的程度。这些体验能够留下何种体验或表述？

故事的连贯性。达到了交互 / 体验建立在下一个交互 / 体验的程度。

为了更精确地测量这一步的体验维度，我们开发出一种全新的体验模式。它最初来自于凯文·林奇在《城市意象》（*Good City*）的城市规划，然后我们的团队使用品牌战略和体验设计对其进行了调整。我们已经确定了 5 个体验维度，它们用于评估特定的活动、设计、交互、环境和体验方面的执行。这些维度包括控制、途径、适应、感受和连续性。这些体验维度形成了体验评估的核心，被用于我们的体验设计和策略方法中。

营销新时代的回报。很多昨天和今天的营销和品牌推广都在寻求能与消费者故事产生共鸣的信息。但即使是通过静态渠道进行推送的最好信息也无法满足人们所期待的参与需求。“参与”是必须在整个业务执行中被高呼、陈述和重复的口号——从产品、信息、服务和环境，到媒体、渠道，甚至是最终的业绩。

至关重要的是，要对作为个人的消费者有一个全面的了解。过去将人们作为商业对象的观点只能提供非常有限的认识，而且它只讲述了整个故事的一小部分。我们必须利用信息技术的力量和他们提供的“数据排放”，来更深入地研究他们的故事。我们的目标是挖掘这些现实，使用它们来推动创意执行，并为最有效的体验场景提供系统思维的动态应用。

我们知道，要掌握这 5 个维度并不容易。它需要不同的技能和能力。它还需特定的精神和文化来激发这些必要的、已经改变的观点，并推动对它们的采纳。也就是说，你需要让你的文化受到冲击。

12

冲击你的文化：创造有利于创建故事场景摩天楼的环境

STORYSCAPING

STOP CREATING ADS,
START CREATING WORLDS

这是本书最后一章，我们希望你能明白这是最重要的一章。到了旅程的这个阶段，你已经具备了不断变化的观点：如何结合伟大的故事、身临其境的体验和很多系统思维为企业创造出不可思议的成功。我们相信：有了这些知识和开阔的思维，你就可以使用故事场景摩天楼思维模式和一种更加现代的方法来处理市场营销。不管你是刚刚开始还是自认为是个经验丰富的老手，也不管你拥有什么资源，我们都相信我们提供的这个理念和简单的模式可以帮你取得更好的结果。这个部分非常简单。

在我们看来，困难的部分在于人：处理基于人的业务是最困难的部分。因此，是时候来冲击你的文化了。先让我们分享一些开放思维和与我们的文化相关的事情。

连接的合作。合作是任何人都可以掌握的简单概念，但要在组织中实现它却很难。小企业无法避免这种来自自我和个人不安全感的挑战。你可以作出合理的预测：公司越大、层级越多，就越难实现真正的合作。文化和环境是最终的答案。终极秘密武器在于想象、开发和培养有利于故事场景摩天楼的文化和环境的能力。

我们深信，有两种功能性文化的表现可以帮助企业成长。其余的都是非功能性的，因为它们的局限性远远超过它们所能带来的利益。企业文化的第一个功能模式依赖于共享价值观、共享目标和共享观点。这是一种“同一性”的文化，其中团队合作、焦点和友情都是无形效益；第二个功能模式在很大程度上取决于一个共享的宗旨，并能够包容技术和观点的多样性。实际上，它与同一性无关；相反，它是关于目标或信仰一致性的。后者是有效驱动故事场景摩天楼所需要的内容。

问问自己。假设你或者一位至亲生了很严重的病。你是会让 5 位来自不同领域的科学家和医学专家组成一个团队来诊断病因并找到最好的治疗方案，还是会让 5 名相似的医生（每一名都有相同的观点和体验，他们都来自相同的医学领域）试着找出到底哪一方面出了问题？我们肯定会选择方案 1，因为我们相信“连接思维”的力量。我们不相信特立独行的天才。我们合作的目标是要在创意和人、任何行为之间建立连接，然后测试这些新连接的力量，确保它们能够一直存在。我们有必要重申一遍，我们相信“连接思维”的力量。我们的策略师、策划人员、技术专家、作家和美术指导在他们各自的领域中都非常出色，但我们总是能从不同学科的人们的对话中找到最好的创意。当策略师和设计师共同商议解决方案、作家和技术专家共享左右脑、当思想家和实干家都“专注于”整个项目时，思想就会达到一定的丰富性和深度。当人们被留在自己的房间来挖掘这种未经开发的洞察力时，这种合作会将其融入生活。连接思维的应用可以将随意的想法变成创造性的解决方案。

真正的合作 VS 从属企业结构。你是否真的能在这样的环境中进行合作——目标和动机主要围绕着个人表现和职业进展？这个房间里最有资格的人是否总是对“谁的创意意最好”拥有最后的发言权？这是否能真正地促进创新或进展？这确实是一个敏感而棘手的领域。

在机构中总是有人要掌控全局，他对哪些想法可用和哪些想法不可用最拥有发言权。那些自称为天才的人有两种类型。在我们看来，最优秀的领导者更像是仁慈的独裁者，他们会聆听人们的想法，创建敬业且忠诚的团队。这非常有效，但是因为这么多事情都依赖于领导者的实力和感受，所以并不能得到很好的扩展。而另一种领导者更像是一个自大狂：他总是拥有最后的发言权，而且总是认为自己的想法才是最好的。不幸的是，这种情况在我们的行业中普遍存在。好在我们还有选择余地。

在麒灵公司，我们更多的是以咨询公司模式为基础的。这意味着我们的任务团队都是根据客户要求来动态创建的。当我们的任务是制定一个策略来推出一款新产品时，我们就会组建适合于这个项目的专家团队。这个任务完成后，这些专家就会被重新分配其他任务，与一组完全不同的团队成员进行合作。多学科动态团队的建设可以很好地服务于连接思维。如今我们以咨询模式和代理模式进行运作，这样我们就能利用这个 DNA 来推动合作，并抵消任何狂妄自大或有独裁行为的个体。

个人远不如团队聪明。个人远不如团队聪明。对团队进行设计是一门技术。文化食谱中所需的时间和精力对其他人来说同等重要，然而其稳固性却经常被低估。这就是我们为什么要用整整一章来说明怎样才能利用好你的专业资源——人和团队。本章中最好的示例是我们如何冲击麒灵广告的文化。我们公司以 6 个核心价值观来塑造和指导我们做出的每一个选择：开放性、人际关系、个人发展、领导力、以客户为中心和创造力。思考一下其中的一些共同价值观在你的组织中的合理性。将企业的全部员工看成是拥有创新思维的个人所组成的集合，他们共同合作来解决问题并影响人们的生活。我们认为，你需要这些拥有创新思维的个人来扮演 3 个重要角色：建筑师、管家和工匠。他们每个人都要在需要时发挥自己的作用，但不要将他们限制在某个角色中，因为项目需要发展。我们将它称为“创意工程”（Idea Engineering）。

建筑学之美。约瑟夫·博伊斯（Joseph Beuys）说：“人人都是艺术家”，同样，我们认为每个人都有创造力。在我们的世界中，项目经理、财务总监、社交媒体迷、民族志专家、技术专家、媒体策划人员、战略家、设计师和文案人员都为这个创造性的过程（实现好创意）而努力。

对于我们来说，它并不是关于“有创造性”或“做有创造性的”事情，而是关于创造性应用的；这并非偶然，而是不同的地区、办公室和团队一向如此。这并不表示我们不相信伟大的创意。相反，我们坚信：除非你将各种大小和形状的理念融入生活中，否则它们就没有太大的价值。毕竟，它只是我们实现的伟大创意，可以赋予人类潜能并改变世界。

对于来自广告行业的人来说，很难想象文案人员和美术指导在不同的楼层工作，而且从来不互动。我们现在已经知道，文案人员和美术指导应如何鼓励对方通过新方式思考他们的任务。在这种转变中，每个人都变得更加注重工作的质量，因为所有人都无法简单地将他们的工作移交给别人。很多“创新型”公司仍然在这么做，他们根本不承认：在这个紧密关联的世界中，让各个部门相互独立是不明智的做法。很多公司的技术专家仍然和文案人员坐在不同的楼层，美术指导也是如此。策划人员和战略家在战略部门是相互隔离的。在麒灵广告，我们无法想象技术专家、创意人士和战略专家不进行合作。在我们进行头脑风暴时，通常是 3 个人为一组，但如果是 4 到 6 个人就更好了。我们的“合作”表现出了我们的企业文化，显示出“什么是可能的”和“接下来是什么”。我们的目标是让合适的人才去处理相应的问题。

的确，偶然的幸运事件和循序渐进的调整促成了现有的创意，但大多数想法的飞跃都是为了应对威胁、障碍或要解决的问题。而且最好的解决方案来自提出正确的问题，这通常被称为“孩子的智慧”，这种智慧引导着我们去质疑我们的假设，并对我们生活的世界予以更多的关注。它只是重新改写了指导手册，但不是让人们放弃了梦想。当我们认为自己正在探寻一种新的活动时，它就已经重新设计了方案。去年的这个时候，我们在电子邮件群发我们的想法时，它就直接促成了一次全国性的巴士观光创意的诞生。

> 什么都不管用，因此我试着尝试一下错误的模型，结果成功了。
>
> ——詹姆斯·戴森

詹姆斯·戴森（James Dyson）的吸尘器很难用，以至于他觉得有必要发明一台新的吸尘器。在经过 15 年做出了 5 126 个失败的模型后，他终于通过“错误的”制作而取得了成功。在戴森放弃了其已经建立的规则后，他终于创造出一台更好的吸尘器。用他自己的话来说就是：“我刚开始时尝试的是一种传统的气旋分离器，但是我们无法分离这些分离器中的地毯毛、狗毛和棉花线。我试过各种形状，但它们都不管用。因此我认为我应该尝试一下错误的形状——非（传统的）圆锥形，结果成功了。”他的战略方法是如何起作用的？他的“错误思维”如此惊世骇俗，以至于该行业的巨头拒绝承认他的新设计并拒绝购买他的发明，他们认为他们拥有正确的方式，其他方式都是不存在的。因此，戴森被迫孤军奋战，他卖出了 1 500 多万台机器，一些机器的零售价甚至高达 2 000 美元。

有时候问题很复杂，但答案其实很简单。

——苏斯博士。

只要开口，成功就唾手可得。我们需要质疑业务中的一切，因为当我们问“假使……将会怎么样”、“我们如何……”、“为什么……”等问题时，人的因素都存在，我们要确保解决了真正的问题。如果提出正确的问题或者尝试失败，也许早已将行业从铁路建设变成了电影租赁。想象一下：起初做电影租赁的公司开始投资互联网，用户无需亲自前往这些供应有限的商店即可获得想要的DVD。如果铁路行业能意识到他们实际上是运输业务，并决定通过投资航空公司来拓展他们的产品线会怎么样？提出正确问题背后的强大力量在于，它给我们和客户指明了正确的道路。

管家般的合作。创造力是脆弱的、不稳定的和需要合作的旅程，它需要均衡地发挥管家和想象力的作用。管家的作用不应该被低估。对于米开朗基罗来说，它是教皇；对于文森特·威廉·梵高来说，它是他的哥哥西奥。对于迈克尔·乔丹来说，它是菲尔·杰克逊或耐克（取决于你问的是谁）。最敬业的管家会试着弄清楚一项请求背后的真正目标、所涉及的利益相关者，从而让所有人都参与进来并相互合作。他们会保护初期幼稚的想法，为它们提供所需的时间、空间，进行培育，从而让它成为健康、明智且完全成熟的创意。他们还需要了解解决关键问题的想法，以及代表最佳解决方案的主张。这种“至始至终”的所有权是公司每个人的责任，并且是提供一个成功解决方案的先决条件。

精湛的技艺。我们赞美技艺的强大力量，而且我们实现它的方式几乎是任何公司都无法复制的。技术专家、程序员、可用性测试专家和媒体专家都是通过建立最具突破性的解决方案来冲锋陷阵的。只拥有一个永无出头之日的创意是远远不够的。有经验的工匠与其他利益相关者合作，才能确保这个伟大创意被完美地执行。于是他们成了一个团队，其中每个团队成员都非常热衷于技艺。他们进行调试和测试的目的就是让每次创造都能给终端用户提供一种能影响人们日常生活的体验。

建筑师、管家和工匠这 3 个关键角色通常会出现在每个人处理日常工作的方式上。这些成分的组合是实现想法的基础，而且它处于故事场景摩天楼的核心。

“技术正在以惊人的速度改变着我们的生活”的这一事实让当前成为了勇于创新的最佳时机。而且作为老板、决策者和游戏变革者的我们正处于这场惊心动魄的变革中心。幸运的是，变化的速度并没有让人们冲动地进行创新——它实际上在推波助澜。因此，关键是要有解决精神和创造精神。

想当年，卡罗尔·谢尔比（Carroll Shelby）和他在加利福尼亚的汽车改装工程师团队（在亨利·福特的支持下）凭借着勇往直前的精神，小心翼翼地打造着他们的改装车——眼镜蛇。在那段时间，他们挑战并击败了法拉利，震撼了整个赛车世界。在亨利·福特团队中有扮演管家角色的成员，而在谢尔比的团队中则有建筑师和工匠般的成员。这是实施解决方案的创意组合。那个团队及其所拥有的心态和精神很好地说明了在麒灵广告中创意工程代表什么。同样，通过证明你并不需要一个知名品牌或 50 年的传统也能创造出快速发展，篡夺霸主地位的产品，你所需要的只是一个忠诚且多样化的团队组合、一些创造力，以及当发动机无法满足你时进行重新装备的意愿。拥有能够对世界产生影响的精神（通过将想法变成现实）是我们要不断创造下一个伟大的组织理念、下一个重要的解决方案、下一个鼓舞人心的故事和下一个身临其境的体验场景的驱动力，这还是我们要再次超越它的原因所在。

我们真诚地希望，通过分享我们处理文化和创造力的方法可以给予你启发，让你好好思考一下怎样才能让你的组织采用故事场景摩天楼的方法。要记住的是，我们通过体验得知，功能性模式（被用于有效地推动故事场景摩天楼）在很大程度上依赖于一个共同的宗旨，并包括多种技能和观点。你做好冲击你的文化的准备了吗？

最后，我们需要回顾一下我们的故事场景摩天楼之旅。我们从故事的价值和我们如何使用它们来创造生活的意义开始，突出了故事可以帮助我们了解这个世界的运作和脉络这个事实。接着，我们探索了被称为“体验”的无名英雄，并将注意力放在将故事和体验结合在一起的价值上，然后引入了故事场景摩天楼模式，并详细探讨了品牌和消费者的多个维度。我们定义并说明了组织理念、体验场景、系统思维和故事系统，这样他们就能成为营销团队的一部分。最后，我们揭开了组织文化的面纱，展示了作为推动故事场景摩天楼因素的合作和连接思维。

我们希望这次旅程能够帮助你想出一种全新的工作方式，并让它适应我们生活的这个全新的世界。我们相信，我们在本书中分享的很多想法和建议都能够激发你的潜能（品牌和公司），并让它得到超乎想象的发展。最重要的是，我们希望这个故事能够成为你故事的一部分。

北京阅想时代文化发展有限责任公司为中国人民大学出版社有限公司下属的商业新知事业部，致力于经管类优秀出版物（外版书为主）的策划及出版，主要涉及经济管理、金融、投资理财、心理学、成功励志、生活等领域，下设“阅想·商业”、“阅想·财富”、“阅想·新知”、“阅想·心理”、“阅想·生活”以及“阅想·人文”等多条产品线。致力于为国内商业人士提供涵盖最先进、最前沿的管理理念和思想的专业类图书和趋势类图书，同时也为满足商业人士的内心诉求，打造一系列提倡心理和生活健康的心理学图书和生活管理类图书。

阅想·商业

《大数据经济新常态：如何在数据生态圈中实现共赢》

- 数据经济时代，没有一家独大，唯有共赢，才能共生。
- 客户关系管理和市场情报领域的专家、埃默里大学教授倾情撰写。
- 发展中国特色的经济新常态的最佳时间与指南。

《游戏化革命：未来商业模式的驱动力》

（“互联网与商业模式”系列）

- 第一本植入游戏化理念、实现 APP 互动的游戏化商业图书。
- 游戏化与商业的大融合、游戏化驱动未来商业革命的权威之作。
- 作者被公认为“游戏界的天才”，具有很高的知名度。
- 亚马逊五星级图书。

《忠诚度革命：用大数据、游戏化重构企业黏性》

（“互联网与商业模式”系列）

- 《纽约时报》《华尔街日报》打造移动互联时代忠诚度模式的第一畅销书。
- 亚马逊商业类图书 TOP100。
- 游戏化机制之父重磅之作。
- 移动互联时代，颠覆企业、员工、客户和合作伙伴关系处理的游戏规则。

阅想·新知

《碎片化时代：重新定义互联网 + 商业新常态》

- 从工业革命到第二次互联网革命，是社会从集约化向去中心化的碎片化过程，而科技正是连接碎片、重塑商业模式的有力手段。
- 作者引人入胜地向我们展现了许多精彩绝伦的伟大思想，这将彻底改变我们的生活以及工作方式。

《断点：互联网进化启示录》

- 一部神经学、生物学与互联网技术大融合的互联网进化史诗巨著。
- 《纽约时报》《今日美国》年度超级畅销书。

《大未来：移动互联时代的十大趋势》

- 第一本全面预测未来十年发展趋势的前瞻性商业图书。
- 涵盖了移动互联网时代的十大趋势及其分析，具有预测性和极高的商业参考价值，帮助企业捕捉通往未来的的商机。
- 全球顶级管理咨询公司沙利文公司中国区总经理撰文推荐。
- 中国电子信息产业发展研究院鼎力推荐。

阅想·财富

《索罗斯传：白金珍藏版》

- 深度解析世界最具影响力的投资者之一索罗斯的生平及其投资智慧。
- 这本关于伟大之人的伟大著作原汁原味，却又意境深远；充满乐趣，却又发人深省。

阅想・心理

《改变心理学的 40 项研究》（第 7 版）

- 心理学史上影响无数人的、最重要的 40 项研究。
- 20 年来畅销不衰的心理学入门经典图书全新升级和修订。
- 亚马逊心理学类畅销书 Top100，亚马逊心理健康类畅销书 NO1。

《这才是心理学：看穿伪心理学的本质》（第 10 版）

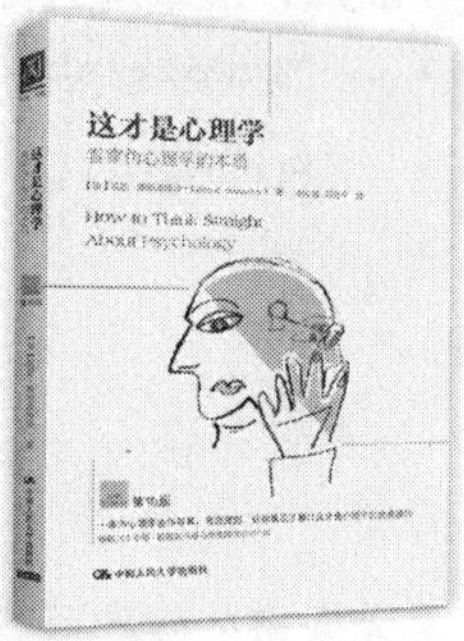

- 美国心理学会终身成就奖获得者基思·斯坦诺维奇的 30 多年来一直被奉为心理学入门的经典之作，被全球 300 多所教育机构采用。本书是全新修订的第 10 版。
- 语言富有逻辑又不失风趣，案例简洁生动、贴近生活，加入最新研究资料，说明心理学家如何通过批判性的思维方式和系统化的实证研究，逐步描绘出人类心智的真实面貌。

阅想・人文

《优雅的辩论：关于 15 个社会热点问题的激辩》

- 辩论的真谛不在于辨明是非曲直，而在于缓和言论，避免曲解。辩论的最高境界不在于输赢高低，而在于发人深思，以开放的心态达成妥协。
- 辩论中陷阱重重，稻草人谬误、偷换概念、妖魔化对手只能加剧对立双方的矛盾与冲突，而不是找到解决方案。
- 以批判性的思维方式、优雅的辩论技巧，不战而去人之兵，在辩论中更胜一筹。

Storyscaping：Stop Creating Ads, Start Creating Worlds

ISBN: 978-1-118-82328-6

图书在版编目 (CIP) 数据

故事场景摩天楼：不再制造营销，开始创造体验的世界 / (美) 莱戈布鲁，(美) 麦科尔著；师蓉译 . -- 北京：中国人民大学出版社，2015.8
ISBN 978-7-300-21874-8

Ⅰ. ①故… Ⅱ. ①莱… ②麦… ③师… Ⅲ. ①品牌营销 Ⅳ. ① F713.50

中国版本图书馆 CIP 数据核字 (2015) 第 206496 号

故事场景摩天楼：不再制造营销，开始创造体验的世界

[美] 加斯顿 · 莱戈布鲁
　　 达伦 · 麦科尔 著

师蓉 译

Gushi Changjing Motianlou: Buzai Zhizao Yingxiao, Kaishi Chuangzao Tiyan De Shijie

出版发行	中国人民大学出版社		
社　址	北京中关村大街 31 号	邮政编码	100080
电　话	010-62511242 (总编室)		010-62511770 (质管部)
	010-82501766 (邮购部)		010-62514148 (门市部)
	010-62515195 (发行公司)		010-62515275 (盗版举报)
网　址	http:// www. crup. com. cn		
	http:// www. ttrnet. com (人大教研网)		
经　销	新华书店		
印　刷	北京联兴盛业印刷股份有限公司		
规　格	185 mm × 230 mm 16 开本	版　次	2015 年 11 月第 1 版
印　张	12.25 插页 2	印　次	2016 年 9 月第 2 次印刷
字　数	138 000	定　价	49.00 元